中国古代赋税

王 俊 编著

中国商业出版社

图书在版编目（CIP）数据

中国古代赋税／王俊编著．-- 北京：中国商业出版社，2015.5（2022.7 重印）

ISBN 978-7-5044-8557-1

Ⅰ．①中… Ⅱ．①王… Ⅲ．①赋税-财政史-中国 Ⅳ．①F812.92

中国版本图书馆 CIP 数据核字（2015）第 117008 号

责任编辑：张　斌

中国商业出版社出版发行

010-63180647　www.c-cbook.com

（100053 北京广安门内报国寺 1 号）

新华书店经销

三河市吉祥印务有限公司印刷

*

710 毫米×1000 毫米　16 开　12.5 印张　200 千字

2015 年 5 月第 1 版　2022 年 7 月第 2 次印刷

定价：25.00 元

*　*　*　*

（如有印装质量问题可更换）

《中国传统民俗文化》编委会

序　言

　　中国是举世闻名的文明古国,在漫长的历史发展过程中,勤劳智慧的中国人创造了丰富多彩、绚丽多姿的文化。这些经过锤炼和沉淀的古代传统文化,凝聚着华夏各族人民的性格、精神和智慧,是中华民族相互认同的标志和纽带,在人类文化的百花园中摇曳生姿,展现着自己独特的风采,对人类文化的多样性发展做出了巨大贡献。中国传统民俗文化内容广博,风格独特,深深地吸引着世界人民的眼光。

　　正因如此,我们必须按照中央的要求,加强文化建设。2006 年 5 月,时任浙江省委书记的习近平同志就已提出:"文化通过传承为社会进步发挥基础作用,文化会促进或制约经济乃至整个社会的发展。"又说,"文化的力量最终可以转化为物质的力量,文化的软实力最终可以转化为经济的硬实力。"(《浙江文化研究工程成果文库总序》)2013 年他去山东考察时,再次强调:中华民族伟大复兴,需要以中华文化发展繁荣为条件。

　　正因如此,我们应该对中华民族文化进行广阔、全面的检视。我们应该唤醒我们民族的集体记忆,复兴我们民族的伟大精神,发展和繁荣中华民族的优秀文化,为我们民族在强国之路上阔步前行创设先决条件。实现民族文化的复兴,必须传承中华文化的优秀传统。现代的中国人,特别是年轻人,对传统文化十分感兴趣,蕴含感情。但当下也有人对具体典籍、历史事实不甚了解。比如,中国是书法大国,谈起书法,有些人或许只知道些书法大家如王羲之、柳公权等的名字,知道《兰亭集序》

是千古书法珍品，仅此而已。

　　再如，我们都知道中国是闻名于世的瓷器大国，中国的瓷器令西方人叹为观止，中国也因此获得了"瓷器之国"（英语 china 的另一义即为瓷器）的美誉。然而关于瓷器的由来、形制的演变、纹饰的演化、烧制等瓷器文化的内涵，就知之甚少了。中国还是武术大国，然而国人的武术知识，或许更多来源于一部部精彩的武侠影视作品，对于真正的武术文化，我们也难以窥其堂奥。我国还是崇尚玉文化的国度，我们的祖先发现了这种"温润而有光泽的美石"，并赋予了这种冰冷的自然物鲜活的生命力和文化性格，如"君子当温润如玉"，女子应"冰清玉洁""守身如玉"；"玉有五德"，即"仁""义""智""勇""洁"；等等。今天，熟悉这些玉文化内涵的国人也为数不多了。

　　也许正有鉴于此，有忧于此，近年来，已有不少有志之士开始了复兴中国传统文化的努力之路，读经热开始风靡海峡两岸，不少孩童以至成人开始重拾经典，在故纸旧书中品味古人的智慧，发现古文化历久弥新的魅力。电视讲坛里一拨又一拨对古文化的讲述，也吸引着数以万计的人，重新审视古文化的价值。现在放在读者面前的这套"中国传统民俗文化"丛书，也是这一努力的又一体现。我们现在确实应注重研究成果的学术价值和应用价值，充分发挥其认识世界、传承文化、创新理论、资政育人的重要作用。

　　中国的传统文化内容博大，体系庞杂，该如何下手，如何呈现？这套丛书处理得可谓系统性强，别具匠心。编者分别按物质文化、制度文化、精神文化等方面来分门别类地进行组织编写，例如，在物质文化的层面，就有纺织与印染、中国古代酒具、中国古代农具、中国古代青铜器、中国古代钱币、中国古代木雕、中国古代建筑、中国古代砖瓦、中国古代玉器、中国古代陶器、中国古代漆器、中国古代桥梁等；在精神文化的层面，就有中国古代书法、中国古代绘画、中国古代音乐、中国古代艺术、中国古代篆刻、中国古代家训、中国古代戏曲、中国古代版画等；在制度文化的层面,就有中国古代科举、中国古代官制、中国古代教育、中国古代军队、中国古代法律等。

此外,在历史的发展长河中,中国各行各业还涌现出一大批杰出人物,至今闪耀着夺目的光辉,以启迪后人,示范来者。对此,这套丛书也给予了应有的重视,中国古代名将、中国古代名相、中国古代名帝、中国古代文人、中国古代高僧等,就是这方面的体现。

生活在 21 世纪的我们,或许对古人的生活颇感兴趣,他们的吃穿住用如何,如何过节,如何安排婚丧嫁娶,如何交通出行,孩子如何玩耍等,这些饶有兴趣的内容,这套"中国传统民俗文化"丛书都有所涉猎。如中国古代婚姻、中国古代丧葬、中国古代节日、中国古代民俗、中国古代礼仪、中国古代饮食、中国古代交通、中国古代家具、中国古代玩具等,这些书籍介绍的都是人们颇感兴趣、平时却无从知晓的内容。

在经济生活的层面,这套丛书安排了中国古代农业、中国古代经济、中国古代贸易、中国古代水利、中国古代赋税等内容,足以勾勒出古代人经济生活的主要内容,让今人得以窥见自己祖先的经济生活情状。

在物质遗存方面,这套丛书则选择了中国古镇、中国古代楼阁、中国古代寺庙、中国古代陵墓、中国古塔、中国古代战场、中国古村落、中国古代宫殿、中国古代城墙等内容。相信读罢这些书,喜欢中国古代物质遗存的读者,已经能掌握这一领域的大多数知识了。

除了上述内容外,其实还有很多难以归类却饶有兴趣的内容,如中国古代乞丐这样的社会史内容,也许有助于我们深入了解这些古代社会底层民众的真实生活情状,走出武侠小说家加诸他们身上的虚幻的丐帮色彩,还原他们的本来面目,加深我们对历史真实性的了解。继承和发扬中华民族几千年创造的优秀文化和民族精神是我们责无旁贷的历史责任。

不难看出,单就内容所涵盖的范围广度来说,有物质遗产,有非物质遗产,还有国粹。这套丛书无疑当得起"中国传统文化的百科全书"的美誉。这套丛书还邀约大批相关的专家、教授参与并指导了稿件的编写工作。应当指出的是,这套丛书在写作过程中,既钩稽、爬梳大量古代文化文献典籍,又参照近人与今人的研究成果,将宏观把握与微观考察相结合。在论述、阐释中,既注意重点突出,又着重于论证层次清晰,从多角度、多层面对文化现象与发展加以考察。这套丛书的出版,有助于我们走进古人的世界,了解他们的生活,去回望我们来时的路。学史使人明智,历史的回眸,有助于我们汲取古人的智慧,借历史的明灯,照亮未来的路,为我们中华民族的伟大崛起添砖加瓦。

是为序。

傅璇琮

2014 年 2 月 8 日

前　言

　　赋税是国家赖以存在的经济基础，也是每个民族文明历史的重要组成部分，我国的赋税制度源远流长，经历了长达数千年之久的社会历史。在赋税形态的发展过程中，都记录着税收的存在和发展，以及税收对社会经济的影响。从初期的贡纳到后来的征课；从初期的劳役形态到后来由实物向货币缴纳形态的转化；从初期以农本思想为基础的单一土地农业税制到后来以兼顾城乡和农商经济为征课源泉的复合税制的形成，不断地在发展，在变革，在完备。

　　赋税在不同的历史时期，作为国家机器的工具，用以维护和巩固其权力统治；同时运用赋税的职能作用，筹保国计民生，发展社会经济，减轻社会负担，常常成为影响政治隆替兴衰的重要枢机。

　　在我国4000多年的税收历史中，涌现了一大批经济理论家，他们提出了一系列税收理论，有些理论还居当时世界领先地位，譬如西晋傅玄提出的征税三原则比亚当·斯密提出的征税四原则早了1500年，而二者的基本内容却是大同小异的。我国国家赋税有着自身的发展特点和规律性。首先，它是人类出现私有财产、产生阶级和发生对抗，需要一种凌驾其上的力量即氏族领导集团（后来是国家）出现时而逐渐演变成的。其次，国家赋税，从原则上讲，应取之于民，又回归社会。第三，赋税征收以经济发展为基础。每个历史时期，赋税的征多征少，国库的充盈或空竭，都是同当时的经济发展密切相关的。如西汉统治者以"黄老无为"思想为指导，经过数十年的休养生息，带来了封建社会以来经济发展的高峰。第四，赋税同土地分配有着特定的关系。古代中国以农立国，土地出产成了国家的主要税源。历代赋税征收制度也充分体现了这一特色。在井田制、贡助彻和什一税率的组合下，井田制赋、井田制禄、九赋、九贡、九式等赋税政策、制度构成了一个完整的体系。

为了帮助大家更好地了解中国赋税的历史，本书力求做到如下几点：第一，把中国国家赋税的历史，比较全面、系统地介绍给大家。赋税是政府行政的经济基础，而制定赋税政策和制度又是典型的政府行为，因此，我们按时期分章，按政治、经济、赋税征收管理设节；章与章之间有承转，节与节之间有连接，这样做，一是使历史不脱节，二是在一个时期内，政治经济和财税本来也是难以分开的。中国赋税制度是在不断破旧立新中向前发展的。本书对社会发展有推动作用的政治家、思想家所宣传或采取的财税改革措施，作了简要的介绍，如春秋时期的管仲，战国时期的商鞅，西汉的桑弘羊，唐朝的刘晏、杨炎等。总之，我们力求做到使本书内容丰富、翔实。由于时代在飞速发展，而我们的所见所知毕竟有限，书中的不足和错漏之处在所难免，还请广大读者多多指正。

目录

第五章　三国两晋南北朝时期的赋税制度

第六章　隋唐五代时期的赋税制度

第十一章　历代名人赋税观与赋税机构

赋税：国家运转的经济基础

　　我国税收的产生与国家的产生是同时的，迄今已有4000多年历史。在这4000多年里，赋税制度随着经济形势的变化而不断变化，赋税既是国家组织财政收入的重要渠道，又是调节经济的重要手段，对我国经济的发展起了很大的促进作用。

第一节
古代赋税和劳役的产生

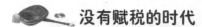

没有赋税的时代

中国古代的赋税和劳役是随着国家的产生而出现的。在远古的原始社会里，因为没有阶级、没有国家，所以也就没有赋税和劳役。大约 4000 年前，中国原始社会已进入父系氏族阶段。氏族社会的领导机关是由部落首领组成的部落联盟议事会，部落的重大事务由联盟议事会民主讨论决定。一项重大决策做出之后，部落首领就带领部落成员一起去完成。部落首领既是部落的领袖，又是普通部落成员，没有与其他部落成员不同的特殊地位。他们是社会公仆，是普通劳动者，他们亲自参加氏族社会改造自然和社会的斗争，不需要别人养活。中国古代传说中的尧、舜、禹，就是父系氏族社会后期几个

尧

著名的部落联盟首领。据说尧当部落首领时，住的是草棚，吃的是粗粮野菜，冬天穿裘皮衣，夏天披麻布衫，和看门人的吃穿完全一样。舜当部落首领时，亲自扶耒耕地，率领大家劳动，甚至腿上的汗毛都磨光了。历山农人互相侵夺地盘，他就去历山和他们一起种田，解决矛盾。河滨的渔民发生纠纷，他又亲自去河滨捕鱼。东夷的陶工制作的陶器质量不好，舜就亲自去那里制陶。大禹也一样，治水 13 年，三过家门而不入，累得面黄肌瘦，手足生茧。氏族社会的领导者和广大部落成员一起劳动，自食其力，

一边种地，一边做饭，一边管理氏族公共事务，"贤者与民并耕而食，饔飧而治"（《孟子·滕文公上》）。氏族社会的领导机构不需要从社会无偿征收财富来供养自己，不需要也不可能强迫他人提供无偿劳动来为自己服役。

私有财产催生了赋税

进入阶级社会以后，情况就发生了变化。氏族中的各个家庭有了自己的私有财产；氏族成员之间产生了贫富差别；部落首领比一般氏族成员占有更多的财富，他们利用职权，为自己牟私利，逐渐变成了氏族贵族。他们还把抓获的战俘和负债破产的氏族成员即平民变成自己的奴隶，而他们自己则成为奴隶主。中国古代自从大禹把王位传给他的儿子启，建立夏朝开始，就进入了奴隶社会阶段。据说夏启征服有扈氏后，就把有扈氏的部落成员变成了"牧竖"即畜牧奴隶。中国社会从此出现了奴隶主与奴隶、贵族与平民之间的阶级对立。

奴隶制度是一个残酷的人剥削人的制度。一切繁重的体力劳动都由奴隶承担，奴隶是奴隶主的会说话的工具，他们的劳动产品完全为奴隶主阶级所占有。奴隶主阶级靠剥削奴隶的劳动，过着骄奢淫逸的生活。奴隶主同奴隶是经济利益上根本对立的敌对阶级。奴隶主的残酷剥削和压迫，必然要激起奴隶的反抗。为了镇压奴隶的反抗，维护奴隶主阶级在经济上和政治上的统治地位，奴隶主阶级建立了强大的武装力量，组织了军队，并制定了各种维护奴隶制社会秩序的法令制度。为了保证这些法令制度的实施，设置了大批官吏，并建立了法庭、监狱等镇压机构，对反抗奴隶主阶级的统治和破坏奴隶制社会秩序的奴隶和平民进行惩治。奴隶制国家就这样产生了。军队、官吏、法庭、监狱等，这一系列暴力镇压工具，就是国家机器的各个物质组成部分。我国从夏朝开始，原来的部落首领就为国王所代替，原始社会的民主制度就为奴隶主阶级的专政所代替。国家自从产生以后，就是一个相当强大的暴力机关，它必须强大到这样的地步：依靠它足以把奴隶和平民的各种反抗，包括武装反抗镇压下

西周开国君主——周武王姬发

去，并且能够对付外来的侵略。据历史记载，夏、商、周奴隶制国家机器已有了相当的规模。夏朝就建立了以国王为中心的一整套官僚机构。国王是国家的最高统治者，国王下面有牧正、庖正、车正等一系列职官。据说，夏代的官职已有上百种之多。夏代建立了军队，制定了称为"禹刑"的刑法，修造了"夏台"监狱。商朝和周朝的国家机器得到了进一步发展。到了西周时期，奴隶制国家的官僚机构已相当完备。周王之下有辅佐周壬的太师、太傅、太保三公；三公之下有太宰、太宗、太史、太祝、太士、太卜六卿，六卿之外还有司徒、司马、司空、司士、司寇五官。六卿与五官之下各自都有很多僚属。此外，山林川泽、关卡市场的管理以及宫廷贵族的吃喝玩乐事项，都设有专门的官职负责。西周军队的数量也很多，仅属于周王的常备军就有十四万人以上。周代已有成文的法律，制定了五刑。据说，五刑的律文有三千条，并有一大批执法与行刑的法官、狱吏。

养活大批军队、官僚、狱吏，需要大量财富。军队不仅要吃穿，而且需要配备甲胄、武器、战车、马匹等装备。为了攻守的需要，必须要构筑城堡、修建工事，这都需要消耗大量的资财和劳力。各种官吏不仅需要俸禄，而且官府、监狱等机构的建造，以及各级政府机构在行使其职能的过程中，都需要耗用大量人力、物力。军队、官吏等国家机构和各种常设公职人员，都不从事物质生产活动。他们所需要的物质财富和劳力，国家只有依靠强力从社会、从人民群众中无偿征取，这就是国家税收。国家税收具有三大特点：一是强制性。它是国家依据法律向百姓强制征课的，任何个人和集团都必须依法纳税，否则就要受到国家法律的制裁。二是无偿性。百姓的财产以税收的形式被国家征去之后，不再归还纳税人，也不支付任何报酬。三是固定性。课税对象及征收比率或数额，是国家以法律形式预先规定的，纳税人必须要按规定标准如数纳税，任何人都不得随意改变或违抗。这种以强制手段从社会无偿征收的固定收入，是国家官吏、军队和贵族宫廷的生活源泉，是国家行政权力整个机构的生活源泉，是国家机器行使公共职能的物质基础。强大的政府机构和繁重的赋税是同一个概念。

中国古代的国家税收最早称为"贡赋"，后来称"赋税"，有时也单独称"赋"或称"税"。但不论怎样称呼，它们都是无偿地取之于民，用之于国。这一点，古人已经从实践中认识到了。例如，古人称："赋出于田，自上税下；贡出于土，从下献上。"（《玉海·食货·贡赋》）"赋供车马甲兵士徒之役，充实府库赐予之用。税给郊社宗庙百神之祀，天子奉养百官禄食庶事之费。"（《汉书·食货志上》）把反映税收本质的赋税来源，征取方式和用途等说得十分清楚。

中国古代奴隶制国家是在夏朝产生的，赋税和劳役也是从夏朝开始出现的。中国古代伟大的历史学家司马迁说，中国"自虞夏时，贡赋备矣"（《史记·夏本纪》）。意思是说，中国从夏朝起即开始有了完备的贡赋制度。"贡赋"一语最早见于记载大禹治水事迹的古代文献《尚书·禹贡》中，这些材料反映了中国古代赋税产生于夏代这一基本事实。

古代税收有三种基本征收形式：劳役形式、实物形式和货币形式。在奴隶社会和封建社会前期，由于商品货币经济不发达，所以，劳役形式和实物形式是国家税收的基本征收形式。而到了封建社会后期，货币形式则成为国家税收的基本征收形式。

古代社会的主要经济部门是农业（包括林、牧、渔业）、手工业和商业。在奴隶社会，这些经济活动主要由奴隶主和平民经营。奴隶制国家的赋税主要取自从事农、工、商经营活动的奴隶主和平民。在封建社会，国家赋税则主要取自从事农业、手工业和商业活动的农民、手工业者、商人和地主。不论是奴隶社会还是封建社会，各种劳役都是由广大劳动人民直接承担的。

第二节
赋税的种类与作用

国家赋税制度的建立

中国是世界上人类文明发展最早的地区之一。我们的祖先在这块土地上劳动生息，形成了悠久的历史和灿烂的文化。相传神农氏"因天之时，分地之利，制耒耜，教民农作，神而化之，使民宜之"，使古代中国农业得到了发展，成为世界上最早的农业发达国家。在种植业发展的同时，狩猎、捕鱼和家畜饲养业也产生并发展起来。随着农业、家畜饲养业的发展、人们生活的改善，原始手工业，如制陶业、纺织业、缝纫以及房屋建筑业等也开始出现。手工业多在农业和其他生产的间隙中，同早期农业生产结合在一起进行。农业、畜牧业和手工业的发展，又推动了生产工具的改进和生产技术的提高。粮食较以前丰盛了，还有不少粮食用作储备，加上手工工艺的进步，使以直接交换为目的的商品生产出现了。

在国家出现以前，为保证氏族首领和氏族集团的公共利益需要，而向氏族部落成员提取一部分产品充当公共使用的"公积金"，这种征收只是赋税的雏形。当国家出现以后，为了实现国家职能的需要，才产生了赋税。赋税的实质是掌握国家权力者，向利用、开发资源而取得财富的人们，征得一定的人力、物力，用于集体以及个人的开支。所以，赋税是以人们在生产中获得的财富为基础的，没有个人财富，就没有赋税的征收源泉。

追根溯源，税收的历史同国家一样久远。中国在黄帝以后，黄河流域先后出现了杰出的部落联盟首领尧、舜。从夏朝开始建立国家，同时出现了赋税的最早形式——夏贡，《史记》中说："自虞夏时，贡赋备矣。"据史书记载，当初贡的种类有以下几种：

一是"土贡"，是我国历代王朝臣属或藩属向君主进献的本地土产、珍宝和财物，原则上是产什么、有什么就贡纳什么。土贡不是任意的进贡，而是一种强制性的固定赋税。如果臣属不按时纳贡，便须加以征讨，强行征贡。

二是"锡（与赐同字）贡"，这是一种临时性的贡赋，它定期或不定期，是初生态的国家政权财政收入的重要部分。传说禹铸九鼎，象征九州，古代奉为传国的重器，铸鼎的铜，也是各诸侯国进贡的。

氏族部落

三是"贡赋"，夏朝农业赋税是"五十而贡"，每个庶民50亩地，以1/10的收获物贡纳给领主。我国早在夏商周时代就产生了"贡""助""彻"等纳贡形式的税收雏形。古今中外不约而同地选择税收作为国家的支撑。

税收是国家为了实现其职能，凭借政治权力，按照法律预先规定的标准，无偿地征收实物或货币，参与国民收入分配和再分配的特定的分配关系。

"贡"在开始时具有自发性、自愿性的意向，到后来贡赋转变为正式税收就包含着三层意思：一是"凭借政治权力"，使税收具有强制性；二是"按照法律预先规定的标准"，使税收具有固定性；三是贡、赋征收上来后，一般用于满足国家政治、军事、经济以及统治集团的享受等方面的需要，不存在返还，使税收具有无偿性。

历史证明，只有建立了稳固的国家政权，才有资格建立国税制度。当某人、某集团正式取得国家政权后，才能有设立税收的资格。有了合法性，就可以标以"国税""正税"。国家建立后的政权，无不依靠税收来支撑这个政权的运作。当某些割据势力能独掌一方地盘时，也会向百姓收税。若某集团、个人尚处在"起义""造反""革命"阶段，则相反会提出减税、免税等口号，以争取民心，像"迎闯王，不纳粮"等，无不如此。但是，必须要有另一种超出法律、常规的手段，取得争夺政权的物资钱财，如打出"替天行道""革命"等牌子来。税收斗争也是夺取政权的手段之一，这就是国家赋税建立"国税""正税"资格的界定标准。

韩城古城建

财政是国家政权能够存在的必要条件，税收是维持国家机器正常运转的润滑剂。《孟子》记载"夏后氏五十而贡"，说明我国古代最初的赋税收入是百姓给诸侯的贡纳与农业税收。我国在相当长的时期内以农为本，田赋始终是古代国家政权最重要的收入，被视为"正贡"，而其他收入不过是辅助性的。在历史长河中，税收的形态发生了多次变化。最初是"力役之征"，辅之以一些实物的贡纳。春秋战国时期，实物之征逐渐成为税收的主流，在关市之征中则出现了货币税。据《汉书》载："税以足食，赋以足兵。"汉代的田税，古人称之为"税"，而"赋"所出的是人徒、车、辇、牛、马等，以供军用。唐代两税法以钱定税，辅以绢帛。宋以后，将赋税叫作"钱粮"。从此后，赋税中"货币"的成分不断上升，"实物"与"劳役"的成分不断下降。明代的"一条鞭法"推行田赋征银制，国家税收的货币化形式基本确立。清"摊丁入亩"标志着以人身劳役为特征的徭役制度的最终消亡。唐宋以后，随着商品经济的发展，工商税的收入日渐增加，到封建社会末期，盐税、关税、商税等更是层出不穷，成为国家财政不可缺少的重要支柱。

历代赋税的名称变化

我国自夏、商、西周三代以来，国家已经形成，而赋税的兴起，直到现今已经有了4000多年历史。因为赋税的内容、环境等多方面的变化，赋税的名称历代应用过的词语也是多种多样的，但是"赋税"使用得最多。赋在古代有特定的含义。《汉书·食货志》中说："税谓公田什一及工商衡虞之入也，

交纳实物赋税

赋共车马甲兵士徒之役，充实府库赐予之用。"这说明在古代赋和税是有区别的。凡课之于土地和工商各业，用以支付祭祀和奉养百官等费用的，都叫作税，它是国家为了维持政权机关的存在，对人民进行的一种强制征课。但是，自秦汉至明清，赋已是通指按地、丁、户征收的田赋（即农业税）而言，只是不包括杂课在内而已。如汉代的赋共有三项，即按人征收的税项——人头税（口赋、

算赋）和成年男子的代役金（更赋，即免役税，以钱而免除力役者）以及按户征收实物的家庭资产税。清末以后，赋税一词更不再区分正税与杂课，而成为包括各种税在内的一种总称，在词义上也不再有什么实质性的差异。赋和税，已变成一种通用的财政概念了。

一般说来，赋税是田赋与其他税收的总称。中国最初的赋税是统治者向下属征取土产、劳役和其他实物。稍后渐变为按丁口征收军役及军需品，称为"赋"；按土地及工商经营征收财物称为"税"。春秋战国以后，私有经济不断发展，授田制开始创建，特别是"初税亩""初租禾"的推行，国家向农民份地征收实物，故赋、税逐渐混合。唐、宋时期按田亩征课的又称为田赋（或田租）。清朝"摊丁入亩"后，完成了赋役合并征收。辛亥革命后，漕粮、芦课和官田征纳均称"田赋"，"税"则成为国家财政收入的一种概称或其他征课之名。

下面是几个有关古代税收的名词：

（1）税。词义即："国家的强制征课。""税"字在古汉语中，既可作动词，亦可作名词。作动词用，意指"征课"。作名词用，则有多层含义，可指税收收入、税收负担、税种等。至现代，"税"字的动词用法已很少见，多作名词使用，一般用作税名，如关税、盐税、营业税、增值税、所得税等。

（2）贡。中国早期社会的一种财政收入形式，有租税和献纳两种含义，史传为夏禹所制定。相传，禹治理洪水、明确划分行政区域后，即规定各地以其所产之物向中央进贡。"贡"的本意是指自愿献纳，但实际上早期社会"贡"的征收带有很大的强制性。贡成为中国社会早期的一种重要财政收入形式。至周代时，史料中有"九贡"的记载。春秋后期，随着国家机器的强化和赋税制度的完善，贡逐渐被赋税所代替。但作为献纳的贡，在其后历代君主政权下仍然存在，直至近代才逐渐取消。

（3）赋。赋是政府的强制性征课，是中国旧时政府的一种财政收入形式。赋在不同历史时期的内涵有所不同。最早，赋指的是军赋、兵赋。后来，军赋逐渐改按田亩征收，于是又有了"田赋"。此后，田赋与对人口、民户、资产征收的税合称"赋税"，成为历代政府的重要财政收入形式。清"摊丁入亩"后，赋、税合并征收，逐渐成为一切税收收入的统称。到了近代，"赋税"一词逐渐被"税收"所取代。

（4）役。中国历代政府强制百姓所服的兵役与劳役。兵役，即上阵杀敌，保家卫国，戍守边疆。力役为徭役的形式之一，最早产生于政府军事活动的需要，主要从事搬运和炊事等杂活。它是旧时百姓的一项沉重负担。三代时，力役主要用于修城邑、宫室，从事狩猎、追捕盗贼及运送官物等差事。后世的力役或劳役则泛指官府强制征发的物料之外的一切无偿劳役。

（5）租。租有多种含义。一指田赋，亦泛指一切赋税。二指租赁，如出租、承租、召租、租金、地租等。三指积聚、积蓄。

（6）捐。亦指赋税名目，如房捐、门捐、摊捐等。常与苛捐杂税连用。旧时纳资得官也叫捐。在古代，老百姓的税负很重，交不起钱，就要出人丁服兵役等。

（7）享。古代诸侯定期向天子的贡献。"享"原意为用食物供奉鬼神，引申为"献"，即奉上、朝贡之意。奴隶社会早期，诸侯朝贡是天子重要的收入来源之一。诸侯不进贡被视为大逆不道，天子往往联合其他诸侯予以讨伐。

（8）榷。基本字义是渡水的横木，引申为专卖或独卖：如榷场（征收专卖税的交易场所）、榷税（专卖业的税）、榷茶（由官方专卖茶叶，以独占其利）、榷货（由官方专卖货物而享专利）、榷酤（由官方专利卖酒）、榷盐（由官方专卖食盐），榷属于赋税的另一种形式。

（9）庸。先秦对某些地位较低的劳动者的一种称呼。在西周时期，"庸"是指从事农业等主要生产劳动的被奴役者（不包括从事农业等劳动的臣妾）。以后的庸是指出劳役，如租、庸、调。

（10）调。即户调，中国魏晋时期按户征收的赋税。十六国、南北朝时继续沿用。户调制产生于东汉末年，献帝建安五年（公元200年），曹操在兖、豫两州征收户调，其征敛物为绵、绢。建安九年正式颁布户调令。规定每户征收绢2匹、绵2斤。这是历史上首次颁布的户调制度。西汉有田租和口赋、算赋，没有户调。此外，统治者在应付迫切需要时也向人民"调"其他实物。东汉时，"调"逐渐成为人民经常的负担，但还没有规定数额及缴纳物。直到曹操时"调"始固定化，成为按户征收的新兴税目，取代了汉代的人头税——口赋、算赋，与田租一起成为国家的正式赋税。

（11）课。征收赋税，差派劳役，称"课。"又如：课役（征抽财税，分派徭役）、课以重税。国课、盐课、课口（唐时赋税有租、庸、调，其应纳赋税的人口称为课口）、课户（应纳赋税的民户）。

第三节
中国古代的赋役思想

　　封建赋税和劳役是地主阶级国家凭借政治权力，从社会无偿集中一部分财政收入所形成的一种特殊的分配关系，涉及社会各阶级的物质利益。不仅广大农民、工商业者要承担国家赋役，而且根据封建法律，除特权官僚和贵族外，一般地主也有纳税义务。因此，封建赋役不仅反映地主阶级和农民阶级之间的剥削和被剥削关系，也反映了地主阶级统治集团和非统治集团、大地主和中小地主之间的利害关系。赋役按什么原则征收，国家应实行什么样的赋役政策，不仅关系到封建国家能否有效地行使其职能，而且关系到封建统治本身的存亡。自从国家赋役出现以来，特别是进入封建时代以后，关于封建赋役的职能、作用和征收原则等问题，一直都是历代思想家探讨和争议的最重要的财政经济问题之一。在中国长期的封建社会里，形成了各种各样的赋役思想和理论。这些思想和理论，在一定程度上反映了封建赋役的本质、特点和运动规律，对中国古代赋役制度的发展变化产生过重大影响。

轻徭薄赋

　　横征暴敛是中国古代赋税和徭役的一个基本特征。这个特征主要表现在两个方面：

　　第一，由于古代劳动生产率较低，一夫一妇，男耕女织，上有父母，下有子女，养活八口之家，剩余产品极少。封建赋役不仅征走了百姓全部的剩余产品和剩余劳动，而且经常侵夺百姓养家糊口所不可缺少的必要产品和必要劳动。农民一年劳动收获的粮食布帛，纳税之后，往往难以维持一家人的温饱生活。据说战国时期李悝曾对农民的家庭收入算了一笔账：一个劳动力，养五口之家，耕种土地100亩，亩产一石半，共150石。向国家缴纳1/10的田赋，共15石，剩135石。每人每月吃一石半，五口之家，全年吃90石。剩45石，每石卖30钱，可得1350钱，社间春秋祭祀用钱300，剩1050钱。穿衣每人用钱300，五人全年用钱1500，结果还短缺450钱，已经是人不敷出了。而这笔账中还没有包括农民家中意外疾病及生育嫁娶死丧之费和国家的额外征敛。在当时被视为轻税的什一而税条件下，一个五口之家已经难于维持生计。

第二，正常税制经常被统治者自己肆意破坏，封建国家经常因各种临时需要而任意向百姓加征钱、粮。如东汉田赋规定为三十税一，汉桓帝时（公元147年—公元167年），由于挥霍无度，国库空虚，因而下令加征田赋每亩10钱。如按李悝的计算，亩收一石半，每石30钱，每亩合45钱，加征10钱，加征税率已超过2/10，三十而税一至此已变成一纸空文。桓帝还卖官鬻爵，买官的人可以先交钱，也可以暂不交钱，到任后再加倍付款。为了捞回买官所花的钱，这些人一上任就拼命对百姓进行搜刮和勒索。所以，汉代三十而税一的制度，名义上虽然始终未改，但实际上早已名存实亡。这种正税之外的额外加征，历朝不断，犹如火上浇油，使正税之下本来已难以维持

劳役

生计的人民群众变得无以为生，饥寒交迫，颠沛流离，直至起义造反，把斗争的矛头直接指向封建国家的压迫和剥削，从根本上危及地主阶级的统治。

中国历史上多次农民起义的导火线，都是由于封建国家赋役沉重而引起的。因此，封建社会的思想家们普遍反对横征暴敛，主张轻徭薄赋。

中国儒家学派的创始人、古代伟大的思想家孔丘一次路过泰山，听到一名妇女在墓前哭得非常悲痛，就派他的学生子路去问是什么原因。妇人回答说，以前我公公被老虎吃了，后来我丈夫也被老虎吃了，现在我儿子又被老虎吃掉

了。孔子说：为什么你们不把家从这里搬走呢？妇人回答说：因为这里地处深山，可以免受官府苛征厚敛之苦。孔子听后十分感慨，对他的弟子说，你们要记住："苛政猛于虎也。"（《礼记·檀弓下》）意思是官府的暴政比老虎还凶狠啊！孔丘主张国家给百姓的恩惠应该尽量"厚"一些，而赋敛民财则应该尽量"薄"一些。

战国时儒家学派的代表人物孟轲也把"薄税敛"看成是他主张的仁政的一项重要内容。他认为，国家有城郭宫室建筑、百官有司俸禄和诸侯往来币帛之需，赋税不能取消，但国家取财于民必须要控制在一定的界限之内。征税之后，必须使百姓"仰足以事父母，俯足以畜妻子。"（《孟子·梁惠王上》）即有能力养活一家老小。

成书于战国时期的法家著作《管子·权修篇》指出，土地生产财富有季节的限制，百姓从事劳动有疲倦的时候，而君主的贪欲却没有止境。如果对君主的贪欲不加以控制，取民之财、用民之力没有一定限度，必然会激化君民之间的利害冲突，导致臣杀君、子杀父的严重后果。因此，他认为，如果能做到薄赋轻徭，取民之财有度，用民之力有止，国家虽然弱小，也会稳定。相反，如果横征暴敛，取民之财不加限制，用民之力无休无止，国家虽然强

卖官鬻爵

大，也难免灭亡。这些论述，非常深刻地揭示了轻徭薄赋对巩固封建统治的重大意义。

汉初统治者提出并实行"量吏禄、度官用，以赋于民"（《史记·平准书》）的量出制入的税收原则。即赋税以能够支付官吏俸禄和政府费用为限，不在"吏禄"与"官用"之外，为满足君主和贵族的奢侈需要而增加百姓的纳税负担。并在这一原则的指导下，实行了一系列轻徭薄赋政策。

封建社会中后期，一些思想家还对封建国家旨在抑商的重征商税政策进行了批评。唐朝武则天当政时期，有人建议扩大关市之税的征收范围，凤阁舍人崔融认为，关市科税，必致货物不通，商人失利，造成商业衰落，民不聊生，影响社会稳定。明代邱溶也反对征工商税。他认为关市的设立，是为了互通有无，满足社会需要，国家征关市之税以充实财政，违背了创立关市的本意。他认为工商税极不合理。比如酒，是以粮食制造的，国家对粮食已经征税了，现在百姓用粮食造酒，又征酒税，这是一物二税，重复征课，是一种暴政的体现。

历代思想家还提出了轻徭薄赋的一些具体主张，如"什一而税"，即对田赋实行 1/10 的税率。"用民之力，岁不过三日"（《礼记·王制》）即百姓每年为国家服劳役，时间不超过三天；"关市讥而不征"，通商关卡和市场只检查不征税等。

中国历史上的轻徭薄赋思想曾发挥出一定的积极作用。封建社会一些开明君主，特别是历史上一些开国之君，由于他们亲眼看到了横征暴敛如何导致人民起义和前代朝廷的灭亡，因此，能够注意减轻对人民的剥削，实行一些轻徭薄赋政策。如汉初统治者掌握政权后，便立即废除了秦王朝的各项暴政。汉高祖规定田赋实行较"什一而税"更低的"十五税一"的轻税政策，百姓生儿育女，可免两年徭役。汉惠帝时，又免除了努力务农百姓的终身徭役。文帝时把田赋减为"三十税一"，免收天下田赋 12 年，徭役也从一年一征减为三年一征。由于汉初实行轻徭薄赋政策，所以五六十年间，百姓得到休养生息，经济得到恢复发展，社会极为富庶，成为中国历史上第一个封建盛世。

但是历朝轻徭薄赋政策实行的时间都不长。一般政局稍见稳定，封建统治集团的贪欲就会放纵开来，横征暴敛现象就会重新出现，这是封建国家的剥削阶级本质所决定的。中国历史上轻徭薄赋的呼声之所以不断，就是因为封建国家对人民的横征暴敛从来也没能在较长的时间内杜绝过。横征暴敛始终不断，轻徭薄赋的各种具体主张从来也没有完全实现过，这是轻徭薄赋主张在中国赋税思想史上长期处于支配地位的客观原因。

 ## 无夺农时

古代国家加在劳动人民头上的徭役，比赋税更难于忍受。

首先，徭役极为沉重，摧残劳动力。例如，到边塞守卫和修筑城墙的戍卒，经年历月，不仅服役时间漫长，而且多死而不归。"不见长城下，尸骸相支柱。"（郦道元《水经注·河水》）这首秦始皇时期的民谣，就反映了这一事实。这种情况，在以后的朝代中也丝毫不见好转。三国时期，长城之下，依旧是"死人骸骨相撑拄"（陈琳《饮马长城窟行》）。唐朝也是"河湟戍卒去，一半多不回。"（皮日休《卒妻怨》）直至明清时期，情况仍然如此："城中白骨借问谁？云是今年筑城者……今年下令修筑边，丁夫半死长城前。"（李梦阳《朝饮马送陈子出塞》）其他力役也十分沉重。如隋炀帝坐龙舟三次游扬州，龙舟与随行船只5000多艘，征发沿途民夫8万多人拉纤，路途遥远，又遇天下饥荒，纤夫路上口粮不足，死者无数。当时流传下来这样一首挽舟者歌："我见征辽东，饿死青山下。今我挽龙舟，又困隋堤道。方今天下饥，路粮无些小。前去三千程，此身安可保！"（刘斧《青琐高议·炀帝海山记》）真实地反映了当时挽舟之役的凄苦情景。

徭役对人民的危害，还表现在征发不顾农时，往往在大忙季节征发丁男。大批劳动力抛下农活，去为官府服役，严重影响了农业生产的正常进行，导致田地无人耕种，大片荒芜。不仅造成百姓饥寒交迫，而且国家赋税来源也失去了保证。唐代大诗人杜甫的《兵车行》，曾形象地描写并深刻揭示了徭役对生产所造成的这种严重危害："君不闻汉家山东二百州，千村万落生荆杞。纵有健妇把锄犁，禾生陇亩无东西……且如今年冬，未休关西卒。县官急索租，租税从何出！"

因此，要求徭役无夺农时，即徭役的征发不要侵占农忙时节，就成为历代思想家的一项重要主张。

春秋初年，鲁国统治者一年四季，不分春夏秋冬，经常兴师动众，围山打猎。臧僖伯批评鲁隐公这种做法时指出，君主春夏秋冬的狩猎活动，不能影响农民的生产，应"皆于农隙以讲事"（《左传·隐公五年》），即都应在农事间隙进行。公元前706年，隋国大夫季梁也指出，国家要做到"民和年丰"，劳役的兴发，必须做到"三时不害"（《左传·桓公六年》）。所谓"三时"，指的是春天、夏天、秋天这三个农忙时节。"三时不害"，就是要求劳役不能侵占这三个季节的劳动时间。管仲相齐桓公时也指出："无夺民时，则百姓富。"（《国语·齐语》）徭役不侵占人民的生产时间，百姓就可以富足。后来，孔丘也反复强调治理国家必须坚持"使民以时"（《论语·学而》），即在农闲季节使用民力。公元前560年，鲁国修筑防邑的城墙。鲁襄公想早些兴发民伕开工，臧武仲不同意，要求别影响农业生产，等农民收获庄稼之后再筑城，鲁襄公接受了这一意见，所以修筑防邑城墙的工程就安排到冬天了。孔丘在《春秋》一书中以"冬，城防"（《左传·襄公十三年》）三字记下了这件事，认为鲁襄公在这件事上遵循了"使民以时"的原则，符合礼的要求，所以孔丘才加以记载，以为后世统治者树立一个效法的榜样。

战国初年的著名学者、墨家学派的创始人墨翟分析了徭役不顾农时对农业生产的危害。他说，统治者滥兴劳役，为他们的奢侈生活服务。他们坐的车子，要装饰各种文采；乘的船，要雕刻上各种花纹。广大劳动妇女不得不停止纺纱织布，而为他们制作文采，结果影响织布作衣，造成百姓衣着不足，所以冬天难免受冻。而男子则离开土地，抛下农活，为车船进行雕刻，结果使田地荒芜，造成百姓口粮不足，因此陷入饥饿之中。因此，墨翟认为，统治者只有减轻人民的劳役，不影响百姓的耕织活动，才能使百姓"饥者得食，寒者得衣"（《墨子·非命下》）。法家代表人物商鞅也指出，如果国家的徭役不繁多，百姓不疲劳，农民就会拥有较多的劳动时间。农民的劳动时间多了，

古代农具

各种农事就不会废弛，荒地就能得到开垦，农业就会增产。

在封建社会中前期，历代思想家主要是靠劝导统治者认识"无夺农时"的重要性，从而减少对农民的劳役征发。但是这种劝导收效甚微，历代农民都未能因他们的劝导而摆脱重役之苦。从封建社会中后期起，一些理财家和思想家则开始改革劳役制度，变劳役税为实物税和货币税来解决劳役侵占农时

的问题。由于隋唐以来，封建社会商品货币经济空前发展，租佃关系和雇佣关系日益普遍，从而使这一变革有了客观的基础和实现的可能。

王安石

唐朝的租庸调制，已经允许纳庸代役，在解决徭役侵占农时问题上向前迈进了一步。唐肃宗时期，刘晏开始执掌唐中央理财大权，他在漕运改革中，大胆放弃强迫徭役制，而采用雇役的办法。以前唐朝廷漕运江南粮米到都城长安的办法，是由州县派富户督运，督运人称"船头"。运送所需船工，则征调沿途百姓服役，沿途百姓不堪其苦，运工常常逃亡，效率很低，南船驶至洛阳需八九个月时间，漕粮损耗率达 2/10。刘晏改变了这种做法，将漕运由过去官府派富户督运，改为由官府派军官督运。他用国家在食盐专卖中所得利润的一部分作佣金，将漕运所需劳动力，由过去征调民役改为用优厚的佣金雇工运送，即用雇佣劳动代替徭役劳动。这一改革大大提高了漕运效率。一次，从扬州向长安运送，只用了 40 天时间，"人以为神"（《新唐书·刘晏传》）。而且质量好，漕粮从此"无升斗溺者"（《新唐书·食货志》），经费也大大减省。刘晏的漕运改革，为解决重役与农业生产之间的矛盾指明了方向。稍后杨炎推行两税法，将代役的"庸"全部改为以货币缴纳，在劳役税向货币税转化方面向前迈进了一步。

北宋时期，王安石在变差役法为雇役法时，充分论述了雇役对解决差役侵占农时问题的重大意义。他指出，实行雇役法的目的，在于"去徭役害农"（《续资治通鉴长编》）之弊。"举天下之役人人用募，释天下之农归于畎亩……故免役之法成，则农时不夺而民均矣。"（王安石《论五事札子》）

要从根本上解决徭役侵占农时的问题，只有从本质上取消强迫劳役。国家所需活劳动，不再强征农民服役，而是采用雇佣制解决，把原来的无偿劳役变成有酬劳动。封建社会中后期，随着土地兼并的发展，大批农民丧失土地，变成流民。由国家出钱，雇佣无业流民服役，既为封建社会流动失业人口增加了谋生之路，又满足了国家对劳役的需要，同时也免除了有田农民的沉重劳役负担，使他们得以专心于农业生产，这就从根本上解决了国家劳役剥削和封建农业生产之间的尖锐矛盾。

王安石变法虽然失败了，但明代的一条鞭法改革和清朝摊丁入亩的推行，则继续发展并最后完成了王安石免役法改革所贯彻的原则。虽然强迫的无偿徭役并没有在这些改革之后真正消失，但劳役侵占农时的矛盾却大大缓和了，所以中国赋税思想史上"无夺农时"的呼声，从此也就日渐微弱并最终退出了历史舞台。

平均负担

赋役不均是封建赋役剥削的又一个重要特点。这种不均主要表现在以下几个方面：

第一，封建官僚、贵族特权阶层享受着各种减免优待。他们虽然拥有巨大的财富，却根本不承担或只承担很少的赋役。例如，西汉政府规定，俸禄为600石以上的官吏（汉代官制自2000石至100石，共16级，600石为第八级），除更赋外，全家人免除一切徭役。凡皇帝同姓，即姓刘的，全家人免除一切徭役。到西汉末，刘姓人口已有十余万。第九级爵五大夫以上，本人终身免役。第七级武功爵千夫相当于五大夫，也终身免役。凡下级官吏（俸禄500石以下），本人终身免役。凡士人入太学读书，也终身免役。

第二，税制本身就有利于地主，不利于普通农民。地主田产越多，赋役负担越轻。相反，农民田产越少，赋役负担重。以号称均平的北魏租调制为例，均田之后，大地主占有的大量土地丝毫未受触动，仍然拥有成千上万

地主的宅院

亩土地。而一般农民，按规定，男子只占有桑田20亩，露田40亩，女子露田20亩。而且一些地区的农民连这个规定的授田亩数也没有得到，可是租调却一律按丁征收。这样，占有成千上万亩土地的豪强地主和仅占有60亩露田和20亩桑田的农民家庭就纳同样的租调，这是极不平均的。为了耕种其所拥有的大片土地，当时大地主占有大量从事耕织的奴婢和耕牛，但同是丁男丁女，奴婢的租调额仅为一

般农民的 1/4，耕牛 20 头才纳一夫一妇的租调。这些规定，显然是对大地主大官僚的照顾，进一步加剧了地主和农民之间的赋役不均。

第三，官僚地主通过隐产瞒田等各种手段，逃避赋役，从而使沉重的赋役负担完全落到了普通百姓身上。例如，明初两税按田亩征收，豪强地主勾结地方官吏，隐瞒了大量田产。张居正于万历六年（1578 年）清丈全国土地，为 7013976 顷，比弘治时（1488 年—1505 年）增加 300 万顷，多查出的这将近 50% 的土地绝大部分属于大地主逃避赋税的隐田。大地主将这样多出来的土地的税额转嫁到农民头上，使得赋税负担更加失均。

封建国家是地主阶级压迫和剥削农民的工具。封建国家的阶级本质决定了它必然要把赋役的主要重负加在农民阶级头上，而不会加在地主阶级头上。在封建制度下，地主和农民之间的赋役不均不可能真正消灭。但是，赋役的过分不均，一方面会引起农民的不满，影响地主阶级统治的巩固；另一方面，地主占有大量土地不纳税，也影响国家的财政收入，影响封建国家行使其职能，这也对地主阶级的统治不利。所以，主张平均赋役负担，就成为中国封建社会赋税思想的又一项重要内容。

平均赋役负担思想最早见于《禹贡》一书。《禹贡》所规定的分等征赋制度，就体现了平均负担的思想。通过分等征赋，可使不同地区的田赋负担达到基本一致。

在《周礼》中，则明确地出现了"均齐天下之政（征）"（《周礼·地官·大司徒》）的主张。《周礼》提出了平均负担的三条原则：一是根据土地的肥瘠优劣来平均负担。它把土地分为山林、川泽、丘陵、坟衍、原隰五种地方，同时分土地为九种不同的土质，根据这五物九等来平均各种土地的赋税，土地与出产不同，田赋也不同。二是通过赋税和劳役的合理搭配来平均百姓的负担。它按各地区与王城之间距离的不同，由近及远划分为国宅、近郊、远郊、甸、稍、县、都等各个不同地区。离王城距离越远，规定的税率越高："国宅无征，园廛二十而一，近郊十一，远郊二十而三，甸、稍、县、

曹操画像

都，皆无过十二。"（《周礼·地官·载师》）原因是离王城越近地区的百姓，官府的差役越重。对役重的地区相应减少其赋税，对役轻的地区则相应增加其赋税，这样，通过对各地区百姓的赋税和徭役的合理搭配，可使他们的赋役负担达到大体一致。第三，按年景不同平均负担。丰年，税率高一些；荒年，税率低一些，从而使百姓的纳税负担在不同的年景下也大体一致。《周礼》的平均负担思想对后世产生了深远影响，成为封建社会思想家们不断强调的一条基本赋税原则。

三国时期，曹操在颁行租调制时，就特别强调了赋税平均的重要意义。他指出：治理国家最怕的是不均，在袁绍统治下，放任豪强兼并，隐瞒田产，逃避赋役，强迫贫民代输租赋，使百姓不堪忍受。他说，赋税不均，不可能使"百姓亲附，甲兵强盛。"（《三国志·魏志·武帝纪》）他正是为了实现赋税负担的均等，才颁布了田租、户调制。

明代张居正更深刻地论述了均赋的重要意义。第一，他认为均赋是增加国家财政收入的重要措施。他指出，豪强有田不赋，把税转嫁到贫民头上，贫民不堪忍受，纷纷流亡，致使国家税收大减。如果赋税均平，农民不因税赋过重而逃亡，豪绅权贵也按田产多少和平民一样纳税，国家赋税收入就可以大大增加。第二，他认为均赋可以减轻贫民负担，有利于缓和社会阶级矛盾。他指出，百姓之所以聚众造反，主要是由于贪官污吏搜刮和豪强兼并，百姓负担太重造成的。如果国家田赋均平，把贫民肩上的重赋让大地主也承担一点，使贫苦农民能够活下去，他们就不会作乱。这显然有利于社会的安定和封建政权的巩固。第三，均赋最终也有利于大地主阶级本身的根本利益。他指出，大地主之所以拥有万贯家财而不被人劫夺，是因为有国家法律的保护。现在他们逃避国家赋税，就破坏了国家法律，而国家法律一旦遭到破坏，他们的财产也就失去了保障。如果他们能和其他百姓一样，依法纳税，国家法律得到了维护，那么，他们即使金粟如山，他人也不敢窥视。所以，均赋虽然要求大地主拿出一些积蓄交给国家，却使他们拥有的财产从国家方面获得了可靠的法律保护，是符合他们的根本利益的。张居正的论述，充分表明了封建社会的平均负担思想的阶级实质。

由于均赋会触犯大地主阶级的既得利益，所以，当均赋原则付诸实施时，总要遇到来自他们的顽强抵抗。封建国家作为大地主阶级的政治代表，总是不惜把赋役重担转嫁到贫民身上，以迁就大地主阶级的利益。所以，平均负担思想，尽管在历史上不断有人强调，但在封建赋税史上，它实际上从来也没有真正实行过。

 **开源节流**

封建国家的财政需要和人民群众的负担能力经常处于矛盾之中。轻徭薄赋、无夺农时、平均负担就是封建社会的思想家们为解决这一矛盾而提出的一些重要主张。这些主张的着眼点，都在于限制国家对人民的搜刮。但限制对人民的搜刮，就会减少国家的收入。如何既减轻对人民的税收，又保证国家财政的富裕，中国赋税思想史上的开源节流思想回答了这一问题。

早在春秋时期，孔丘的学生有若就曾劝告统治者，赋税的征收应该首先考虑使百姓富裕。百姓富裕了，财源充足，君主就不会穷；百姓贫穷了，财源枯竭，君主也不会富。"百姓足，君孰与不足？百姓不足，君孰与足？"（《论语·颜渊》）因此，统治者应该实行富民政策，为国家奠定赋税的基础。孟轲进一步指出，要使民富，主要靠两条：一条是减轻对人民的剥削，即轻徭薄赋；另一条就是搞好农业生产，"易其田畴，薄其税敛，民可使富也。"（《孟子·尽心上》）商鞅进一步强调，农业是富国之本。农业生产发展了，百姓生产的粟帛增多了，国家财政就可以富足。农业生产搞不好，田地荒芜，国家财政就会贫穷。

战国末年的著名思想家荀况则明确提出了农业生产是"财之本也"（财富的本源），指出："百姓时和，事业得叙者，货之源也；等赋府库者，货之流也。"意思是天时、地利、人和，农、工、商各业井然有序；仓库储存粮食充足，这样国家财政就有了可靠的来源。而赋税及其所集中起来的收入，不过是财政的末流。因此，要使国家财政收入充足，必须开源节流，即发展生产，节约支出。荀况指出，财富是百姓的劳动创造的。要发展生产，必须爱护和善于使用民力。国家要尽量少征发力役，不侵夺农时。百姓有余力做的事，国家就兴办；没有余力做的，就停止。夏天应使百姓不受暑热，冬天应使百姓不受冻寒，不能伤害百姓的劳动力。要兴修水利，使用良种，改良工具，修治道路，以保证农、工、商各业都得到发展，从而开辟财源。要减轻百姓的赋税，使百姓家有余财，增加生产投资，从而增加土地的产出。荀况和其他很多思想家一样，反对国家对百姓敲骨吸髓，竭泽而渔。他们认为，国家的府库虽然暂时充足了，但百姓却穷了。百姓饥寒死亡，无法发展生产，这就从根本上破坏了财源。用这样的方法充实起来的国库，是不可能长久的。这就像一个容器"上溢而下漏"（《荀子·王制》）一样，上面虽然满得都流淌了出来，但底儿却漏了，所以整个容器里的水很快就会空，它的充溢富足只是一种暂时的表面的现象。

　　这种发展生产以开辟财源，从而增加国家赋税收入的思想，为历代进步思想家和理财家所继承。北魏均田制的出发点，就是首先解决土地问题，使劳动者都能拥有土地这一最基本的农业生产资料，从事粟帛生产，从而保证国家的赋税来源。唐朝的皮日休还明确提出了赋税要"励民成业"的原则。业，指生产事业，即国家税收应起到激励百姓发展生产事业的作用，"征税者非以率民而奉君，亦将以励民而成其业也。"（《皮子文薮·请行周典》）王安石也指出，理财必须首先从发展生产着手，"因天下之力，以生天下之财；取天下之财，以供天下之费。"（《上仁宗皇帝言事书》）认为先生财，后取财，这是理财、治赋的基本原则。他所推行的农田水利法等一系列新法，都贯彻了这种通过发展生产以增加国家赋税收入的精神。近代初期著名思想家魏源也曾非常生动地阐述过税收和生产之间的关系，他说："善赋民者，譬植柳乎！薪其枝而培其本根；不善赋民者，譬则剪韭乎！日剪一畦，不罄不止。"（《魏源集·治篇十

张居正故居

四》）认为善于向人民征收赋税的统治者，就像栽柳树一样，保护培养树根，促进其生长，使其枝叶茂盛，就不愁薪柴缺乏了。相反，如果像剪韭菜一样，一茬一茬不停地剪，只知搜刮民财，不知培植财源，那么，国家赋税的来源就会枯竭。非常形象地说明了富民为先，发展生产，保护财源，对国家税收的重要意义。

　　主张开源的同时，历代思想家都强调节流，即限制国家统治集团的奢侈浪费，节约财政支出。奢侈腐化几乎是历代封建朝廷的共同特征。在中国历史上，除了几个屈指可数的开国帝王和中兴之君外，几乎每个封建

朝廷都极端腐败。以明代为例，皇帝养 1 只豹子，就占地 10 顷，用 240 人，每年支粮 2800 余石，地租 700 两。明神宗结婚，织造费花掉接济边防银 9 万两，采办珠宝用银 2400 万两，营造三殿仅采木一项就用银 930 多万两，营造定陵用银 800 余万两，历时 6 年。如果不限制统治者的这种奢侈浪费行为，在封建社会生产力水平还较低的情况下，百姓通过努力生产所增加的那点财富远远不能满足他们的挥霍。

墨翟在历史上第一个较为充分地论述了节用对于杜绝横征暴敛和富国富民的重要意义。墨翟指出，国君吃的是山珍海味，穿的是绫罗绸缎，宫室、舟车百般雕琢和装饰，国君如此奢侈，国君的左右亲信、贵族大臣也群起仿效，竞相奢靡，国家上上下下一大群统治者，整个统治集团都奢侈腐化，正常的赋税收入显然不能满足他们的需要，这就必然要"厚作敛于百姓，暴夺民衣食之财"（《墨子·辞过》）。由于国家"使民劳""籍敛一厚"，导致"民财不足"，使百姓"冻饿死者，不可胜数"（《墨子·节用上》），所以造成国贫而民难治。墨翟认为，统治者如果能做到节用，吃一般的饭食，穿一般的衣服，乘一般的车船，住一般的房屋，国家正常税收就可以满足需要，横征暴敛现象就可以消除，百姓就可以富裕。

成书于秦汉之际的《礼记》一书的作者，则提出了"量入为出"的节约支出的原则，认为国家应根据赋税收入的多少来安排财政支出，财政支出不仅不应超过赋税收入数量，而且应该保持一定的节余，以备凶荒。荀况进一步指出，统治者如果在消费上能做到节用，对人民的赋敛就可以少一些，那么留在百姓手里的财富就会多一些。百姓手里钱财多了，就可以购置新的生产工具，多施肥料，改良土壤，把农活干得更好，把田地整治得更肥，产量就可以成倍地增加，国家就可以富裕。所以，统治者节用，不仅可以从减少财富消耗方面使国家富足，而且还可以反过来促进生产，从开源方面使国家富足。

明代张居正针对统治者的奢侈腐败，也尖锐地指出"治国之道，节用为先"（《张太岳集·请停止内工疏》）。他说，百姓所生产和天地所生长的财富，是一个既定的有限的数目，国家设法诛求，不但不能增加财富的总量，而且只能改变君、民之间的分配比例。巧取豪夺可以增加国库收入，但却使百姓无以为生，造成天下不安。所以，远不如君主厉行节约，减少支出，这样就财用自足，百姓也可以富足了。"与其设法征求，索之于有限之数以病民，孰若加意省俭，取之于自足之中以厚下乎？"（《张太岳集·陈六事疏》）他说，一个三寸长的管子，虽然很短，如果没有底，无论多少水都不能把它装满。现在统治者的奢侈浪费不仅没有底，而且远不只是一个三寸的管子。这就是国家财政穷乏的原因之所在。所以，他要求统治者量入为出，一切无用之费，可停者停，可罢者罢，"务使岁入之数，常多于所出。"（《张太岳集·看详户部进呈揭帖疏》）通过节流来达到使国家财政富足的目的。

中国赋税思想史上的开源节流思想，虽然没有改变封建赋税敲骨吸髓、横征暴敛、竭泽而渔的特点，但在历史上还是发挥出一定的积极作用，对统治者的奢侈贪欲不时敲响了警钟。

第二章

夏、商、西周的赋税制度

　　赋税是社会经济和政治发展到一定阶段的产物。中国是世界上人类发展最早的地区之一，在这块土地上劳动和生息的人类祖先，为我们谱写了悠久的历史和灿烂的文化。这一点，从夏、商、西周时期的赋税制度即可窥见一斑。

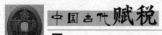

第一节
夏、商、西周与赋税经济及赋税概况

夏朝的经济与赋税概况

夏朝以前是没有阶级、没有剥削的大同社会。到了公元前21世纪，夏朝才正式由禹建立。当时的政治、经济状况在《礼记·礼运》中有明确记载："今大道既隐（原始公社制度解体），天下为家（变公有为私有），各亲其亲，各子其子，货力为已（财产私有），大人世及以为礼（子孙继位，认为当然），城郭沟池以为固（保护财产），礼义以为纪（制度礼教和法律），以正君臣，以笃父子，以睦兄弟，以和夫妇，以设制度（阶级制度），以立田里（划分疆界，土地私有），以贤勇知（养武人谋士做爪牙），以功为己（谋个人利益），故谋用是作，而兵由此起（争夺及革命不可避免）。禹、汤、文、武、成王、周公，由此其选也（统治阶级的圣人）。"

传说夏代的农业生产已很发达，禹大力倡导农业，他曾"躬耕而有天下"，"身执耒舌以为民先"。至于禹平洪水，变水患为水利的传说，更是妇孺皆知。夏朝灌溉技术的推广，提高了农业生产水平。传说夏时已知酿酒，而酒是由谷物制的，酒的出现说明农作物的产量已大大提高了。农产品有一定的剩余又为手工业的发展提供了物质前提，传说夏禹曾铸造过九鼎，后世还将"九鼎"作为国家的象征。

马克思认为，赋税的出现就是国家存在的一种象征。恩格斯曾经说过："捐税是以前的氏族社会完全没有的"，它是随着国家这一"公共权力"组织的出现而产生的，"为了维持这种公共权力，就需要公民交纳费用——捐税。"夏作为我国历史上第一个奴隶制国家，自然也要建立与其相应的赋税制度。

据《史记·夏本纪》载："自虞夏时贡赋备矣。"《孟子·滕文公》也载："夏后氏五十而贡"。这些记述表明，我国奴隶制国家建立后，曾经及时采取法律形式确立国有赋税制度。即以五十亩地为计量单位，并取其平均值的十分之一，作为向国家缴纳的贡赋。

夏的赋税制度是比较完备的。夏专门设立了主管赋税的官吏，《夏书》中有"职听讼，收赋税"的"啬夫"。现存的《尚书·禹贡》，就可以说是夏朝的一部税法，也是我国最早的一部经济单行法规。文章开头就说："禹别九州，随山浚川，任土作贡。"《禹贡》内容的基本原则是："咸则三壤，成赋中邦。"这就是《史记·夏本纪》所记载的：夏禹之时，"四海会同，六府甚修，众土交正，致慎财赋，咸则三壤成赋。"就是在确定行政区域的基础上，按照不同地区和土地肥瘠的情况，缴纳田赋的制度。据说，将全国土地划分为不同的等级，每等田赋不一，但是两者并不完全一致，基本上是按收获总量计算赋的等级。孔子就曾说过："田下而赋上者，人功修也；田上而赋下者，人功少也。"赋是夏王朝财政收入的重要来源，是平民向国家交纳的实物地租。

除了上述的赋外，夏朝财政收入的另一个重要来源是贡纳。"贡"法出现于原始社会末期，夏朝的"贡"主要有两种：一是直接或间接统治区内的诸侯、方国或部落之贡，一是公社农民或其他类型的农民的"五十而贡"，前者属于赋税或捐税，后者具有租、税合一的性质。根据《史记·夏本纪》和《尚书·禹贡》的记载，当时地方诸侯、方国、部落向夏王上交的"贡物"主要是其所在地的特产，诸如丝、棉、铜、象牙、珠玉等，甚至还有奴隶、美女等。为了保证税收的执行和夏王朝有稳定的收入，夏已经发明并使用石、钧等衡器来征收赋税。

商朝的经济与赋税概况

公元前16世纪成汤灭夏桀，正式建立了商王朝。商的政治势力南到长江流域，北到燕山，西到陕西，东达海滨，是一个强大的奴隶制国家。

商代的社会经济主要以农业生产为主。农具中石、骨、蚌器仍是主要的生产工具，但形制已有明显的改进，商代后期开始将青铜器用于农业生产，那时黄河南、北广大原野上已开辟成一块块的田畴，分别种了五谷。在农业

发展的基础上，畜牧业也更加繁盛起来了，商代已开始饲养马、牛、羊、鸡、犬、豕等动物，几乎后世所有的家畜当时都已具有。

商朝的手工业随着农业的发展也更加发达起来。在河南安阳西北出土的商代司母戊大方鼎，器制雄伟壮观。铸造这样的大鼎，需要大规模的作坊，复杂的分工及专门技术。商代开始有了原始的瓷器和纺织业。

商朝也有商业存在，贝产在海滨，玉产在西方，盘庚称贝玉为"货宝"，可见商朝已开始有手工业制品和对外交易。

商朝的赋税立法没有准确详实的直接史料。《孟子·滕文公上》中有"殷人七十而助"之说。孟子在此解释"助"就是"籍也"，即耕种公有土地的平民为商王提供的力役地租。其税率按孟子的说法，应是十一税率。

商朝仍沿袭夏的贡制。伊尹受命所作的《四方献令》中规定："诸侯来献，或无牛马所生，而献远方之物"。受封诸侯要定期或不定期向商王朝贡纳当地的土特产品。

西周的经济与赋税概况

从公元前 1027 年周武王灭商，到公元前 770 年周平王东迁"殷墟"，历史上称作"西周"。

西周时农业生产发展很快，《诗经·小雅·甫田》中称"倬彼甫田，岁取十千，我取其陈（粮食），食我农人，自古有年。"这就反映出西周时已有很大的农田，粮食产量也较高，农作物的品种大为增加，已有"百谷"的称谓，如黍、稷、麦、牟、麻、菽、稻、粱、瓜、果等农作物。

西周的土地是王有制。周人灭商后，周天子把田地连同当地的"民"按地区分封给大贵族做封地，或赏赐给臣下做采邑。全国的土地和臣民在名义上都属周天子所有，这就是所谓"溥天之下，莫非王土，率土之滨，莫非王臣"。

西周时期的手工业是在商朝手工业的基础上发展起来的。西周的青铜器比起商代来，制造地点增加了，产量、品种也增多了，如钟、戟、钊等都是新出现的器物。当时还有皮革业，用皮制裘、履等。建筑方面有台、榭、楼、观；交通方面有舟、车、桥、梁。

西周的商业开始出现，商人的地位也逐渐提高了，庶人富有，也可过着贵族式的生活。王叔郑桓公知道周快灭亡时，同商人订立了互助盟约，请商人帮助他建立新郑国。当时，贵族也想做买卖，以谋取三倍的利息。不过，从西周的整个经济生活来看，商业的发展程度还是比较低的。

周朝基本上是沿袭了夏商的赋税制度。西周仍实行井田制，在此基础上推行"彻法"。《孟子》中说"周人百亩而彻"，是指周代田赋征收实行彻法。《汉书·食货志》中载："屋三为井，井方一里，是为就夫。八家共之，各受私田百亩，公田十亩，是为八百八十亩，余二十亩以为庐舍"。一井之内的所有人家，通力协作耕种，均分收获物，以其中百亩的收获物作为田赋上缴给国家，税率约为十一而税，这就是彻法。田赋是西周重要的财政来源。

西周的贡法，是各国诸侯和平民定期向周天子献纳物品的制度。贡纳是各诸侯应尽的义务。西周的贡纳有两种，即万民之贡和邦国之贡。邦国之贡按《周礼·天官·大宰》中所记载的："以九贡致邦国之用：一曰祀贡，二曰嫔贡，三曰器贡，四曰币贡，五曰材贡，六曰货贡，七曰服贡，八曰力贡，九曰物贡。"万民之贡实际上也是邦国之贡，其贡法的具体比例为：公属地（五百里）上贡二分之一；侯、伯（属地分别为四百里和三百里）上贡三分之一；子、男（属地分别为二百里和一百里）上贡四分之一。无论是邦国之贡还是万民之贡都要贡实物。

对于向周王室上缴的贡物必须要按时缴纳，否则就会受到惩罚。在《兮甲盘》中记载有两道兮甲奉周天子之命到南淮夷地区征收赋税时发布的命令，要求依令缴纳贡赋，及不得潜逃入蛮夷地区从事商业活动，否则将处以刑罚或诉诸征伐。

除了上述田赋和贡纳制度外，周王朝还征收其他赋税。据《礼记·王制》记载，西周改变了夏商以来"市，廛而不税；关，讥而不征"的制度，实行"以九赋敛财贿"的制度，其中就有"关市之赋"，即市税和关税。市税就是在市肆征收的商品货物之税，是西周的重要财政来源之一。据《周礼》记载，西周市税有（次）布、总布、质布、罚布、廛布之分。这些税收最后都要上缴中央府库。关税的征收是由"司门""司关"

西周战车

"司节"等机构负责的。西周时期的关税和市税的税率都不高。从上面所述，我们可以看出西周已经建立了一套机构与法制，这其实也反映了西周时期商品经济的发展。

第二节
夏商周的赋税

最早出现的财物摊派

据史家分析，中国在黄帝时期已出现国家的雏形。《通典》中说："昔黄帝方制天下，立为万国。《易》称首出庶物，万国咸宁。"所谓立为万国，当指组成强大的部落联盟。自颛顼至帝喾，都说"统领万国"；至于禹，"涂山之会，亦云万国"。数百年间，相互兼并，联盟圈子越来越大，势力越来越强，"天下有不顺者，黄帝从而征之，平者去之，披山通道，未尝宁居。东至于海，登丸山，及岱宗。西至于空桐，登鸡头。南至于江……"为此，建都城、置百官、封泰山，以告成功。就是说，当禅让制被权势者破坏之后，氏族公仆成了氏族的主宰；为部落成员服务的公共事务机构也逐渐演变为统治（压迫）氏族成员的专政工具，这时，氏族成员之间的经济（财物）分配也开始发生变化。

多数学者认为，在国家出现以前，是没有赋税征收制度的。据《抱朴子》所载，古无君臣之时，"身无在公之役，家无输调之费；安士乐业，顺天分地"，这应该说的是父系氏族社会初期的情况。到了父系氏族社会后期，随着社会生产发展速度的加快，部落联盟的出现和部落间战争的频发，以及公共事务的增加，为氏族的生产、生活和安全服务的专职人员逐渐脱离了生产劳动。他们为公共事务所造成的劳动损失，必然要从氏族成员的剩余产品中得到补偿。

据史籍记载，财政的征收，最早是发生在对周边部落方国的关系上的："轩辕之时，神农氏世衰……于是轩辕乃习用干戈，以征不享，诸侯咸来宾从。"据《食货典》载，黄帝时，南夷乘白鹿来献鬯（祭祖用酒），《瑞应图》说是献褐裘。又载帝尧五载，南夷越裳氏来朝献大龟。

上述献酒、献衣、献龟，也从另一个侧面说明，黄帝（轩辕氏）继神农之后成了部落联盟的首领，不仅在联盟内部征收，还吸引（迫使）远方部落来贡献。可以推定，贡始于黄帝时期，在舜、禹时期得到了较快发展。

史称黄帝制天下，周边部落称有"万国"，即小部落很多，这些弱小（或人数不多）的部落，为求得自身的安全，附于强大部落之下，定时朝贡，应是一种义务。其后尧、舜之时的巡狩，虽不完全如史书所记那么规范、严格，但巡狩、朝会的目的则十分明确，既是加强所有联盟部落的联系，明确各自的职责权利，也是为了获取各部落的贡献（财物）。

司马迁根据《五帝本纪》《夏本纪》得出了一条结论："自虞夏时贡赋备矣。"即虞舜确立赋税制度，是在舜命禹治水成功之后。《尚书·禹贡》中载："禹别九州，随山浚川，任土作贡。"按《尚书·禹贡》所记，洪水平定之后，"四海会同，六府（金、木、水、火、土、谷）孔修"，即农民安居下来，农业生产正常进行后，"庶土交正，厎慎财赋，咸则三壤，成赋中邦"。即按各地生产情况，分上、中、下三等征税。当时所定田赋征收总的原则是因地制宜，任其土地所有以贡。具体到田土等级的确定，其原则是按土质肥瘠分高低、按地势高低分上下。对田赋等级的确定，除了土质好坏和地势高低等因素外，还要按"人功"的投入和收获的多少来定。如荆州之田，田质并不太好，属于下等田（九级中第八级），而田赋却规定为上等三级，这是因为农民勤劳耕作，投入多（"人功修成"）导致产量高，所以征收也多；相反，如雍州，田为上等，而田赋定为中下等（九级中第六级），注称是因"人功少"，可能还有别的原因，史书未载，不得而知。但总的税量是"什一而税"。

舜之"分田定税"，要求以土地生产向部落联盟首领做定量的贡赋，开了后世土地税的先河。

夏朝的建立，标志着中国第一个奴隶制国家的产生，也意味着赋税力役制度正式出现。一般认为，中国奴隶制的政体是宗法分封制，它在西周臻于完备。宗法分封制"授土授民"，建立以井田制为主的土地占有关系，采取"公食贡、大夫食邑、士食田"的方式占有社会产品。夏、商、周采取的占有

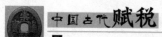

直接生产者的剩余劳动产品的方式有贡、役、税三种。

 **贡纳制**

从世界历史来看，贡纳关系出现于原始社会末期，中国的贡纳关系也不例外，到夏朝建立后更为流行。《尚书·禹贡》列举了九州贡纳的具体物品，这些贡品的确定遵循着"任土作贡"的原则，即据诸州土产而纳贡。夏之贡纳，从财政上看，是为了满足夏王朝的某些特殊需要；从政治上看，是臣服关系的物化象征。"任土作贡"虽不一定是始自夏朝的"先王之制"，却是后世王朝推行土贡制遵循的圭臬。

商朝的贡纳制有外服与内服之别。作为外服的侯、甸、男、卫邦伯，是以商朝为核心的诸方国或部落的首领，他们向商朝贡献牲畜，但没有一定数量，也没有一定期限，可能只是一种表示友善的象征性贡纳。作为内服的百僚庶尹、惟亚、惟服、宗工，主要是在朝中任职的部落首领，他们须向商朝贡献大量牲畜或动物，成为商朝频繁对外战争所需畜力以及经常的祭祀所需牺牲的主要来源。无论是外服势力还是内服势力，对于商朝的贡献主要是以族为单位进行的。

西周的贡纳逐渐形成了等级制度，一方面按公、侯、伯、子、男加以区分，级别高的，贡纳相对重些；另一方面按"服"区远近排列，距离越远，贡纳时间间隔越长，贡纳次数越少。西周的贡品，既有财物，也有人身。

 田税

夏朝的农业生产工具极其粗笨简陋，劳动效率极为低下，农业生产者只能采取原始的集体耕作方式，不可能以一家一户为单位从事个体生产。就此而论，夏朝的田税课征形式应类似于商朝的"助"法。

在现代人看来，"助"法是劳役税，劳动者被集中在公田上进行集体劳动，公田收入就是其剩余劳动的物化表现。迄今考古发现的商朝农具，以石器最多，蚌器、骨器次之，青铜器最少，在构成上仍类似于夏朝的以木、石器为主。因此，商朝农业仍只能以集体耕作形式为主，孟子所言"助者，籍也"，应是借民力以治公田的意思。

盘庚时期殷商都城

　　孟子既称"周人百亩而彻"，又说"虽周亦助"，表明"彻"法与"助"法既有相似之处，又有差别。一些学者主张把"彻"字的含义与划分田地联系起来理解，但问题是何时彻田，若耕作之始即区分公田与私田，则与"助"法完全相同，不符合孟子原意。清人崔述认为"彻"法的特点在于无公田、私田之分，至收获之际，才彻取收获物的1/10作为税物，这也不符合孟子的原意。后来，有人主张把"彻"字训为"通"，阐发为"通公私"之义，即打破公田与私田的固定界限，先由生产者在耕作季节统一经营，至收获之际才把一部分田地划为当年的公田，其收获物便成为税物。此说既肯定了"彻"与"助"均为力役形态，又指出二者在时间与空间上的区别，比较符合孟子的表达方式。

　　许多学者指出，不宜仅据孟子之说，就认为夏、商、西周分别采取贡、助、彻的单一税制。也有学者认为，西周对居住于"野"（郊外）的劳动者实行"助"法，对居住于"国"（郭内）的周族公社农民采取"彻"法。

 **力役制度**

　　夏朝的力役制度史据无考。商朝的力役征调则涵盖了外服与内服。外服

势力是当商朝兴兵征伐之际必须要出兵助战，所体现的主要是商朝和外服势力之间的联盟关系；外服势力也向商朝提供一定的劳力，用于开矿和田猎放牧。而内服势力则是商朝征调力役的主要来源。内服部族的族众是商朝对外征伐的主要力量，商朝对族众采取命令征发的形式。商朝也向诸部族征取人力从事田猎、采矿、建筑城邑和宫室、建造舟车、往来运输、省视仓廪、押送战俘等力役。这些征役没有一定的期限和数量，具有很大的随意性。

西周征调力役称为"赋"。《周礼·地官司徒·乡大夫》中记载说："国中自七尺（二十岁）以及六十，野自六尺（十五岁）以及六十有五"，皆征之，共舍者，国中贵者、贤者、能者、服公事者、老者、疾者，皆舍。而实际上却很难做到，因为当时人的平均寿命没有那么长。"六乡"征兵时，耕种上地者，家出一人为正卒，二人为羡卒；耕种中地者，家出二人为正卒，三人为羡卒；耕种下地者，家出一人为正卒，一人为羡卒。正卒为正式兵役，羡卒担任田猎和地方治安工作。

关市、 山泽之赋

从社会发展演变的历史观察，家庭手工业和制造业是农业自然经济得以存在和发展的条件，是农业经济的有机组成部分。大量出土文物表明，商代手工业已在向专业化发展，包括青铜冶铸、制陶、制骨、制玉、漆器、皮革、纺织、编织（竹）、制木、舟车等；规模较大的手工业作坊大部分集中在王都所在地，在这些工场劳动的总称为百工。在郑州商城遗址中也发现了商代的炼铜遗址以及制骨、制陶和酿酒作坊。这些作坊，大多属于为国家、官府服务的官营手工业，仅天子之六工，即包括近三十个工种。为此，商王设置了"司工""多工"等工官来进行管理。周灭商后，将商朝的百工技匠全盘接收，成了西周官营工

商代陶豆

业的基础。西周设大宰以九职任万民，以"百工，饬化八材"。周武王时，设"司工""工尹"来管理各行各业，"工有不当，必行其罪"。

在商业方面，根据《周易》所说，商品交换（集市贸易）活动开始于神农氏时期，"日中为市，致天下之民，聚天下之货，交易而退，各得其所"。以后，黄帝、尧、舜等都组织商人"服牛乘马，引重致远，以利天下"（《易·系辞下》）。相传舜曾"贩于顿丘"（《尚书大传》）。随着生产的发展，某些生产工具或用品，不是一个家族或一个部落所能有的，必须要通过交换才能得到，所以夏禹承认商品交换的地位、作用是"贸迁有无化居，蒸民乃粒，万邦作义"（《尚书·益稷》）。商王朝时，由于社会分工的进一步发展，剩余产品增加很多，促使商品交换迅速发展。从考古发掘所见，商代以贝为货币，由于天生贝（自然贝）稀少难得而珍贵，而交换的发展又需贝币很多，于是，在自然贝之外，又以人工制贝，如蚌制贝、骨制贝和铜制贝代替。由于以贝币做交换媒介，贝的体积小，又便于携带，因而出现了"肇牵牛，远服贾"的动人景象。西周统治者为繁荣经济，保证公私需要，曾颁行条件优惠的招商措施。武王克商后，为振兴经济，安定民生，采纳周公建议继行周文王"来远宾，廉近者"的政策，告令县鄙商旅知晓："能来三室者，与之一室之禄。"指能招来三户商人的，奖给一农户一年的农田收入。同时，"辟开修道，五里有郊，十里有井，二十里有舍，远旅来至，关人易资，舍有委；市有五均，早暮如一"。

据《周礼》所载，西周对市的设置、启闭时间、贸易内容等都有明确规定。为保证正常的商业活动，设有司市、质人、胥师、贾师、司武虎、司稽、肆长等职官进行管理。这些制度与规定，为国家活跃城乡经济，规范交易行为，严格市场秩序，保证税费征收等，从思想认识、制度设计、机构和人员配置等方面奠定了坚实基础。

从财政的角度来说，夏、商、周三代的官营可分为官营收入（包括手工业产品收入和山林池泽收入）、山泽税（山泽之赋）和关市税三类。

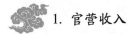 ## 1. 官营收入

如前所说，从夏代开始，手工业已发展起来，至商朝已分成很多门类，近三十个工种，西周的手工业门类更多，分工更细。这些手工业多由官府经营，即实行"工商食官"体制。同时，官府又有很多的养殖场、食品加工场

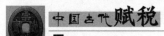

所（作坊），为其畜养制作各种祭品、食品。

据《周礼》所载，大宰"以九职任万民……二曰园圃毓草木，三曰虞衡作山泽之材，四曰薮牧养蕃鸟兽，五曰百工饬化八材，六曰商贾阜通货贿，七曰嫔妇化治丝枲，八曰臣妾聚敛疏材"；甸师、兽人、渔人、鳖人、盐人、酒正、典稻、典枲、缝人、染人等专职机构和官营手工制作（生产）场所。

官营手工作坊和牛人、牧人、场人等生产场所，在夏、商、周时期对其收入虽不征税，但对其业绩（生产任务完成情况和质量的好坏）是要进行考核的，年终时，冢宰按规定"令百官府各正其治，受其会。听其政事，而诏王废置"；而且，对制作部门要"日入其成，月入其要……岁终，则会"。生产数和出库数都要登记入账，就此而言，应列作国家收入。

 ## 2. 关市之赋

根据夏、商、西周"工商食官"的经济体制，官府的公务所需，大多是取自各官营手工作坊，或由官商到该物生产地贩运，沿途也不需缴税；百姓所需有限，多为自产自用，不经过市场（当时的市场作用有限）。当时，经过关津进入市场交易的产品（包括山林出产或手工加工产品），只在经过关口或渡口时受到官府检查，看是否夹带违禁物，对正常交易物品并不征税。那么，后来为什么又征税了呢？据孟子说是："有贱丈夫焉，必求龙断而登之，以左右望，而罔市利。人皆以为贱，故从而征之。征商自此贱丈夫始矣。"即对商人图厚利的一种制约或者说惩罚。但从中还可分析出其他两种原因：一是这时商品（产品）交换活动规模比较大，在平地（市场）一眼看不清情况，要站到山包上才能看清商品流动变化；同时说明农民出产很多，可拿到市场进行交换；二是既然商人可以通过商品交换而谋取利益，那么，国家也可以进行征税，以调剂商人和农民之间的利益分配，防止商人独占。可见，到西周中期后，由于经济的发展，出于安全、管理和财政的多种考虑，在设关（门）、市的地方，开始对出入关门的货物或在市场营销的商品征税。

（1）关税。西周设"司关"和"司门"两职，各司其职。司关管关税，"掌国货之节，以联门市。司货贿之出入者，掌其治禁，与其征廛；凡货不出于关者，举其货，罚其人……"司关的职责，一是对进入关门的外来客商，先要检查其官方文书（玺节），将文书上所载货物名称、数量通知国门，由国门通知司市，使其知道进入市场的货物；由本地运出关门的货物，则要根据司市所开列文书所载货物名称、种类、数量，核对无误后放行。司关的第二个职责是检查货物的合法性，对一般物品按规定收税，对违禁品予以罚没，不仅没收其货物，还要对其罚款；如发生特大灾害，则关门不征税，但仍需检查有无犯禁之事。

司门管门税。司门的职责之一是凡"出入不物者，正其货贿；凡财物犯禁者举之"。即检查出入国门的货物，并要按规定征税。所谓"不物者"，按郑注是指衣服与众不同，不符合国家规定的样式，属于奇装异服之类；对犯禁的财物，则要按规定没收。古代等级制度比较严，什么身份的人穿什么式样、颜色的衣服；有些衣服、食品、用具是不准私自出售的，凡犯禁者令必然会被没收。

（2）市税。按《周礼·地官司徒》所记："廛人掌敛市次布、总布、质布、罚布、廛布，而入于泉府。"市税包括在市场开征的几种税：

次布，即对有固定店铺的商人所征，市肆之房屋税。

总布，即指对无店铺、站立市场路边兜售者所征收的税。也有人认为是对市场经纪人（后世之牙商）所征之税。

质布，是指对市场买卖订有契券的征收，相当于后世的契税。

罚布，指对违反市令者的罚款。

 ### 3. 山泽之赋

西周以前，山林薮泽均为公有，未有赋税。随着人口的增多，采集量加大，人类生产所需难以保证，于是，变官民共采为设官管理，定时禁放。特别是对那些生长期长的动物、植物，更是严加控制，不许滥捕、滥伐。进入西周以后，随着很多制度的相继制定，对山林川泽等重要生产、生活资源地也设官分管。史称：设山虞、林衡，掌山林的政令和治禁；设角人、羽人、兽人，掌鸟兽捕养之事；设渔人、鳖人，掌川泽水产之事，按时禁发，与民共采。周厉王（公元前877—前841年在位）时，曾专山泽之利，实行山林川泽国有化，结果导致国人暴动。到西周后期，由于管理和财政的需要，开始对山林池泽产品征税。这里要指出的是，西周对山林池泽还是实行国有政策，对山林的开发、利用主要还是由国家设机构任用专人负责，特别是对那些大宗出产、珍稀动、植物的捕捞、采集，仍由国家控制；农民只能就近、就便，在砍伐、采捕量不大，又不妨碍农时的情况下，进山砍伐、采捕，或下湖捕捞，所获之物，可自用、自食，多余的可到市场出卖，国家对此收税。此外，官府对山农、泽农也下达有采捕任务，必须要根据规定加以完成。凡山林出产的木材、薪材、草、葛，野兽的肉、兽皮、兽骨，野禽的羽毛和野果、野蔬，河湖池泽出产的龟、鱼、鳖、虾、蚌等，都在征收之列，而纳税人则是在冬闲之时上山采集或到池塘、水田溪流中捕捞所获得产品之人，所以说，山泽之赋，主要是对农民从事副业所得产品的征收。山泽产品的税率，没有统一规定，载于史籍者，场圃收为二十税一（5%），漆林之税为二十税五（25%），体现了按价值高低征收的原则。

第三章

春秋战国的赋税制度

　　周室自平王东迁之后，历史上称为"东周"。东周的前期称为"春秋"，后期称为"战国"。春秋战国时期是奴隶制瓦解和封建生产关系产生的时期。东周时期的各国税制随着井田制的消亡，土地私有制的兴起也由"彻"法变成履亩而税的新制度，这是我国税收史上的重大变革。

第一节
春秋战国经济与赋税概况

春秋时期的经济与赋税概况

在西周农业发展的基础上，春秋时期的农业生产又发展到了一个新阶段。西周时罕见的铁器在东周已开始用于农业生产，如农业生产工具耒、锯、铫等都是铁制的，而铁器的使用对农业生产有着巨大的促进作用，正如恩格斯所言："铁使更大面积的农田耕作、开垦广阔的森林地区，成为可能；它给手工业工人提供了一种其坚固和锐利非石头或当时所知道的其他金属所能抵挡的工具。"春秋时期土地所有制的具体经营方式仍以井田制为主。

春秋时期的手工业和商业比西周时有了明显的进步。除冶铁业外，青铜手工业的生产更加广泛。春秋中叶以后在青铜器铸造工艺上又创造了一种错金技术，如晋国栾书的铜罐，有错金铭文40字，色泽华丽美观。随着手工业、农业的发展，产品增多，商业也活跃起来了，春秋时已有经常从事商业活动的市场。有了市场，就更加促进了商业的繁荣。另外，各诸侯国之间也有贸易往来，如楚国的木材就经常贩卖到晋国。

两周时期的赋税制度在春秋战国时期有了很大改变。公元前685年左右管仲相齐，实行"井田畴均，相地而衰征"，"以上壤之满补下壤之虚"；同时，"划二岁而税一，上年什取三，中年什取二，

春秋青铜蟠螭纹銮辖

下年什取一，岁饥不税，岁饥弛而税"，按土地质量等级和年景的好坏向土地占有者征收赋税；公元前645年晋国"作辕田"，"作州兵"，据说就是把土地赏给实际占有者，按占有土地的多少负担军需兵器；公元前594年，鲁国实行"初税亩"，"作丘甲"，"用田赋"，按私人占有土地面积计亩征收税、军赋、田赋等；公元前548年，楚国"书土田，量入修赋"，进行私有土地的登记，根据收入的多少和土地的等级来确定赋税；公元前538年，郑国"作封洫"，承认土地占有的现实，"作丘赋"，按私有土地收赋税；公元前408年，秦国"初租禾"，按私人耕地的收获量征税。春秋时期的赋税制度改革促进了社会经济的发展，也带动了其他相关制度的改革。

战国时期的经济与赋税概况

战国时期，铁器农具的使用更加普遍。通过考古发掘，北自辽东半岛，南至广东，东起海滨，西达川陕这一广大地区都发现了战国中晚期的铁制农具。铁制农具在农业生产中已占主导地位，在农业生产实践的基础上，人们开始认识到水利是农业的根本命脉。各国都设有专门水利治理和兴建工程的官员，征调役夫从事水利建设。秦国的李冰在四川灌县一带主持修筑的都江堰最为著名，它灌田万顷以上，成都一带由此变为丰产地区。农业生产技术也有所提高，深耕的优越性已被人们所认识，施肥也普遍推广，农业科学已开始成为专门的学问。

战国时期，封建国家经营了为数众多的手工业。官营手工业分工很细，如木工分七种，金工分六种，皮工分五种等，并且都具有相当的规模。从出土的大批锄范、斧范、双凿范和相应的铁器中，说明从战国初期到中晚期的极短时间内，冶铁工人已经创造和掌握了不同类型的铸铁工艺及冶铁技术。纺织业的发展在战国时期更为突出，麻葛丝织遍及各地，生产了罗、纨、绮、锦、绣等形形色色的新产品。

战国时期商品的种类繁多，商品交换的地域也相当广。如北方的走马、吠犬，南方的羽毛、象牙，东方的鱼、盐，西方的皮革、文旄在中原市场上都可购得。由于商业、手工业的发达，城市也空前繁荣。齐国的临淄，韩国的宜阳，都有几十万人口。

战国时期，以井田制为中心的土地所有制被废除，封建田赋制度开始确立。

当时田赋征收有"税地"和"税人"之说。"訾粟而税，则上壹而民平"，"为田开阡陌封疆而赋税平"，把土地与粟作为田赋征收依据。但唐杜佑说："夏之贡，殷之助，周之籍，皆十而取一，盖因地而税。秦则不然，舍地而税人，地数未盈，其税必备"。秦《田律》也规定："八顷刍藁，以其受田之数，无垦不垦，顷入刍三石，藁二石"。各国田赋的征收税率不完全相同，征收管理也逐渐走向法制化，按田课税逐渐向田租、口赋、户赋、力役制转化。

第二节
春秋战国时期的赋税和朝贡制度

🥄 田赋与井田制

春秋战国的500余年（公元前770—前221年）中，各国对田赋征收制度多有改革，但在土地所有制方面，除春秋时鲁国实行"初税亩"被认为是废井田制、战国时期秦国商鞅变法彻底打破井田制度外，还很少有国家对此有所触动，仍然维持"天子经略，诸侯正封"的井田制度。特别是孟子在游说各国诸侯时，仍然宣扬实行井田制度。如孟子见梁惠王（公元前400—前319年在位），王问治国之策，孟子回答为：不违农时，采捕有制，重视教育和维护井田制度；齐宣王（公元前320—前302年在位）问王政，孟子答以文王治岐的办法：耕者九一（井田制），仕者世禄，关市讥而不征，泽梁无禁；孟子在回答其弟子公孙丑提问时说：耕者，助而不税（商代井田制）；滕文公使毕战问井田制，孟子说：划分好田土界限，使井田大小均匀；国中实行贡法（行什一税），野之乡田用助法（九一税率）；井田的规制："方里而井，井九百亩，其中为公田，八家皆私百亩，同养公田。"（《孟子·滕文公上》）可见，孟子仍把井田制作为国基稳固的基础。

井田制的基本点是使"农分田而耕"（《荀子·王霸》），即要求每户农民必须要耕种一定数量的土地。将土地分配给农民耕种，目的是为国家创造财富。这些财富，其中一部分是通过田赋的形式集中上来的。《管子》中说：让鳏寡合成一家，给予他们定量土地，三年之后，也要按土地征收赋役。对于不认真劳作，造成田地减产的，国家要进行重罚。西周如此，春秋战国也如此。惩罚的轻重，是按少缴谷物的多少来确定的。

平原君

春秋战国时期的田赋税率，可能仍然实行什一税率制，即"田野什一"，但各国情况也不尽相同。后来随着贵族的奢侈或战争的扩大，负担加重了。如鲁昭公三年（公元前 539 年），齐国"民三其力，二入于公，而衣食其一"；同样，晋国也是"道殣相望"，"民闻公命，如逃寇仇"。战国时，商鞅变法，"收泰半之赋，三分而税一，咸阳民力弹矣"。（《七国考·秦食货》）关于田赋税率问题，一些有远见的政治家已经意识到，田赋征收的轻重，关系到国家兴亡、政权巩固。

在具体征收上，春秋战国时期主要是征收实物，包括粮食（粟、谷）、饲草（刍稿）等，如秦"赍粟而税"。征收入库时，要登记账簿，"辄为府籍"；对因工作失误造成财产损失的要对当事者进行处罚。按《秦律》所说，如按国家规定容量一桶（斛）相差二升以上，一斗相差半升以上，重量一石（120斤）相差十六两以上，都要罚缴铠（甲）一件。对抗税不缴者，也要重罚。

这时的田赋，也有减免规定，如春秋时齐国规定"岁饥而不税，岁饥弛而税"。（《管子·大匡》）。即遇上灾年，粮食欠收，免征田赋。但又不是一律免征，而是区别情况，重灾多减，轻灾少减，无灾不免。对少数民族地区也有相应的减免照顾。

不断加重的徭役

春秋战国时期不仅有"力役之征"，而且较以前的徭役负担加重，主要是征收面扩大，而且出现了脱离生产的正规军队。

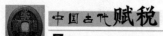

从春秋后期开始，各国诸侯或为争霸，或为自保，开始设置常备军；特别是郡县的设置，其首要的任务是守卫郡国边境，所设的防军也就成了常备军。军队编制，史称"管子制国，卒伍整于旅（5 人为伍，200 人为卒），军旅整于野"（《国语·齐语》）。服兵役的年龄，一般为 15～60 岁。兵力的动员，春秋初最多不过 600 乘，中叶为 700～800 乘，到春秋末有动员 4000 乘（4 万人）的。战国时期战争规模越来越大，动员的兵力也越来越多，战争伤亡自然也大。由于大量的青壮年劳力都用于打仗，对各国农业和手工业生产无疑是一个十分重大的损失，徭役的过度征调，势必会带来税源的枯竭。

按照养老、慈幼、恤孤、合独的原则，古代对徭役的征发也有减免规定。《管子·人国篇》中说："年七十以上，一子无征，三月有馈肉；八十以上，二子无征，月有馈肉；九十以上，尽家无征，日有酒肉。"凡家有七十岁以上老人者，可以免除一个男子服役，有八十岁以上老人可免两个男子服役，可见当时不是按户调发，而是按男丁调发服役。关于"慈幼"的规定："有三幼者无妇征，四幼者尽家无征，五幼又予之葆，受二人之食。"这应属鼓励生育政策，可能与战争伤亡有关，但"妇征"指什么，未见说明。关于"恤孤"的规定：凡士人死后，留下的孤幼无人抚养，如有人养一孤者，一子无征，养二孤者二子无征，养三孤者尽家无征。

最早的工商税

新的生产关系的萌芽和发展，不仅推动了农业生产的发展，而且也促进了手工业生产技术的进步：冶铁业、冶铜业、制陶业、漆器业，以及玉石、纺织、皮革等业，不仅生产增长，而且技艺很高；各种有用资源的开发，私营手工业的大量涌现，特别是有利于商货流通的车船的制造和水、陆交通的修通，更是使战国时期的社会经济展现出崭新的面貌。至于各国之间的陆路交通，更是纵横交错，这就使各地的物产得以流通。除前面所说的齐、晋商业交往情况外，此时楚国的工矿农副产品，不顾"关梁之难，盗贼之危"，远销于黄河以北地区，如楚国的木材、皮革，销于晋国。为保证商路的畅通，楚共王十二年（公元前 579 年），宋华元促成晋楚之盟（地点在宋都西门外），除了政治、军事和经济内容外，还有交通往来、道路无阻的内容，这当然为携带财货提供了极大方便。于是，楚国出产的木材、金、铜、锡、皮革、水产等物品远销于中原各地，而齐、鲁的盐，秦箬、齐缕、郑绵、赵萧，即各国土特产品和手工业品，也流入了楚国。不仅如此，楚与大秦（东罗马）、天竺等国也发展了贸易关系，楚国织锦、龙凤纹刺绣、绢、纱、罗等产品也远销到了印度。所以说，春秋以来的经济活跃了，商人的利润丰厚了，于是关市之税成了各国财政除田赋之外的重要来源。这时是否对手工制造业征税，史籍上很少记载。国家税收主要通过关、市环节进行征收。

朝贡制度

按照西周制度规定，诸侯应定期朝见天子，一年一小聘，三年一大聘，五年一朝；天子五年巡狩一次。进入春秋后，虽然周王势衰，但聘问制度还在维持。不仅诸侯于天子有定期朝聘的制度规定，诸侯之间，特别是中、小国诸侯对大国诸侯也有定期或不定期的聘享活动。凡参加朝聘，不论是诸侯朝聘天子，还是诸侯之间的聘享活动，都要赠与礼物，受礼者也应回赠，如无赠品，则被视为失礼。如昭公元年（公元前541年）秦后子（桓公子）享晋侯，行聘享礼，"造舟于河，十里舍车，自雍（秦国都，今陕西凤翔）及绛（晋国都，今山西侯马市），归取酬币，终事八反。"用的是最隆重的九献礼。一般朝聘用的礼物为玉、布帛、金等贵重物品，《周礼·秋官司寇·小行人》称有六币：圭、璋、璧、琮、琥、璜，以及马、皮、帛、绵、绣、黼等物。

对贡品的轻重、多少，周代曾制定制度，春秋时亦曾执行。昭公十三年（公元前553年），宋、晋、齐、卫、郑等十余国盟于平丘（今河南封丘东），因贡赋等级存在不公问题，子产不服，说：周制规定，位尊者贡重。郑国为男爵，不应按公侯爵级纳贡。

按王引之《经义述闻》所说，周代所制朝王制度，到春秋时多已不如以前严格。如鲁国，是西周最重要的国家之一，在春秋的240年里，除僖公、成公因涉及鲁国安全问题而朝王外，其他未有朝王的记载。当然这不是绝对的，如鲁僖公五年十二月（公元前655年），晋灭虞，将其职现归于周王。僖公七年（公元前653年），管仲言于齐侯，

圭璧

"招携以礼，怀远以德"，齐侯聘享诸侯，诸侯收受地方土特产品献于天子，符合"礼"的规定，可见，朝王之事，虽不经常，但仍在维持，可能鲁国是特例。由于鲁国不供职，导致周朝派人来索贡，如隐公三年（公元前720年）周平王死，鲁不按规定供奉王丧之物，王因未葬，故周室派大夫之子来赗（助丧之物）；又如鲁文公九年（公元前618年），周襄王死而未葬，周使毛伯卫来鲁求金以供葬。这一方面说明周与鲁关系非同一般，另一方面也说明周室经济的困乏和贡制的约束力在减弱。

春秋战国时期，天子可以得罪，而大国不可得罪。史称春秋时，中、小国对大国的态度，已超过对周天子的态度。春秋时期，小国介于大国之间，大国对小国诛求无时，搜刮小国财富，使人居无宁日。中、小国如不讨好大国，特别是霸主，将会招致大国对自己的征讨，甚至丧国。如隐公九年（公元前714年），郑国以宋公不朝王而伐宋；桓公五年（公元前707年），郑伯不朝，王命诸侯伐郑；僖公四年（公元前656年），齐以楚不贡包茅，而兴师问罪。以上是打着维护王权旗号而以武力征讨不贡之国的例子。以武力为自己索贡的事也有，如鲁隐公十一年（公元前712年），因许国不纳贡，郑、齐、鲁三国联兵伐许；僖公十二年（公元前648年），黄人不归楚贡而被灭。

从上可见，诸侯之贡，是禹贡以来贡赋的体现，虽然不再是土特产品，但圭璧皮帛，当是取于各国人民的财物，应属税的性质。

第四章

秦汉时期的赋税制度

　　秦汉时期，政府把农民编入户籍（称为编户），实行按编户征收租赋和征收徭役、兵役的制度。我国封建社会完整的赋税徭役制度由此正式形成。其是国家征收赋税和征发徭役、兵役的依据。从秦统一全国到东汉政权终结（公元前221—公元220年），计440多年间，中国社会在政治、军事、经济和财税制度等方面都发生了巨大变化，特别是在封建财税制度建设方面，有许多重要创举，为后世封建财税制度的发展奠定了基础。

第一节
秦汉时期的经济与赋税概况

秦代的赋税概况

　　秦统一六国后，在原有赋税制度的基础上，对赋税制度进行了改进。田租、赋税是秦的重要财产来源。为了保证国家取得田租，防止农民逃租及其他损失，秦律对有关事项做了具体规定。《田律》规定了田租应交粮

秦统一的度量衡

草的种类、数量，如每顷地"入刍三石，藁二石"；《仓律》规定了地租的保管，"入禾稼、刍、稿"要记账并上报，每个仓库都要有一本账。为了防止官吏将田租收入为己有，秦律规定了"匿田"罪，如果部佐已向耕田农民收取了田租，却不向上级报告，已经将土地授给农民并已收取地租的，就是犯"匿田"罪。

秦除按地收租外，还论户取赋，也就是所谓的口赋，即人头税。农民户数的多少直接影响户赋收入，所以早在商鞅变法时期就明确规定："农民有二男以上不分异者，倍其赋。"秦《仓律》还规定了庄稼成熟后，国家收取多少地租，史称"收泰半之赋"，意即收取三分之二的租赋，实际上承袭了六国的旧制。

秦时的赋税除上述两项外，还有徭役制度，就是无偿征取力役之课，是秦赋役制度的重要部分。徭役主要有更卒、正卒和戍卒，以及复除。复除就是依法规定或为帝王临时诏令免除劳动者应纳的租税和应服的徭役，最初名为"施舍"，即统治阶级对劳动者的一种恩赐。复除制度伴随赋税制度而来，最早见于商鞅变法。其根本目的在于鼓励农业生产，其历史功能在于重农抑商，发展农业，促进生产，力争统一大业。其他杂税诸如：工商、盐铁、关市类等。随着秦的统一，农业和手工业的发展，商业的兴起和社会的繁荣，在国家赋税收入中日趋重要。

秦律对逃避赋税和徭役的行为也做了明确的处罚规定。《秦律·傅律》为防止逃避人口赋（即人口税），规定隐匿成年男子，以及申报废、疾不实，里典、伍老要处以耐刑；在户籍上弄虚作假的民户、典、老、同伍都要被罚"赀甲""赀盾"，并判流放刑。

秦代的赋税制度是建立在土地私有制基础上的，其赋税形式和税制变化与封建割据封建统一及其生产力发展状况相一致。秦代财政的一个重要特征就是，它既首创了中国两千多年封建赋役制度的体系，又开拓了秦代独特的税制结构，因而秦代的赋税制度显示了其体系的完整性和系统性。这一赋税结构产生了土地私有制，服务于土地私有制，生产关系适合生产力，中国封建经济由此而得以发展。

汉武帝的财税改革

汉武帝即位后，凭借西汉初期所发展起来的政治、军事力量和雄厚的经济实力，对匈奴进行了大规模的防御战争，制止了匈奴贵族对汉边境的侵扰，维护了汉朝疆土的统一。此外，汉武帝还积极开发西南地区，加强同西域的联系，显示了西汉强盛的国力，但也因此付出了大量的人力、物力和财力。加上汉武帝大兴土木，奢侈浪费，不仅大量耗费了历年积蓄，也加重了农民的负担。为了解决财政困难，汉武帝实施了一系列财税改革措施。他一方面加重田赋以外的征收，同时又创行新税，施行盐、铁、酒专卖。除此之外，还实行卖官鬻爵、纳金减罪，以及算缗、告缗、算商车等增加财政收入的特别措施，在一段时期内保证了国家财政的需要。汉武帝的这些财税改革措施，虽然在一定时期内对增加财政收入起到了一定作用，但在实施了一段时间后也带来诸多弊端。例如汉武帝实施的缗钱令，针对当时的商人和手工业主所有的钱、物征税，其后又扩大到中产阶级的所有财产，包括缗钱、商货、车、船、田宅、牲畜乃至奴婢等，均在征税范围。这种做法遭到豪富巨商的抵制，多有少报或藏匿不报的情况发生。后来，武帝又颁布告缗令，鼓励揭发检举，使得中产以上之家大抵被检举告发，纷纷破产。

王莽的赋税制度改革

王莽代汉后，面对西汉末年的衰败情况，试图依照古籍中记载的各种制度改变汉制，达到天下大治。首先，王莽试图用恢复井田制的办法来解决土地问题。始建国元年（公元 9 年），他发布实行"王田令"的诏书，宣布："今更名天下田曰'王田'，奴婢曰'私属'，皆不得卖买。"（《汉书·王莽传中》）另外，还实行"五均""赊贷""六筦"等一套新的工商、财税管理办法。王莽改革土地所有制度，由于脱离当时社会实际，违背了社会经济发展的客观规律，同时，也触犯了商人、地主、官吏们的利益，遭到他们的联合反对，最终改革失败，王莽政权也随之覆亡。

王莽改制涉及赋税方面改革的就是"五均""六筦"。所谓"六筦"，就是对国计民生至关重要的盐、铁、酒、山泽、五均赊贷、钱布铜治六项事业实行国家统一管理和课征，避免利益落入豪民富贾手中，于国于民不利。始建国二年（公元 10 年），王莽为缓和阶级矛盾，稳固自己的统治，根据"齐众庶，抑兼并"的方针，下令推行"六筦"："命县官酤酒，卖盐铁器，铸钱，诸采取名山大泽众物者税之"。征课的方法：凡采自山林水泽的鸟、兽、鱼、鳖、百虫、畜牧收入，缤妇桑蚕、织纴、纺绩、补缝、工、匠、医、巫、卜祝及其他方技，商贩贾人开的店铺、小摊及饭馆客店等，都必须把他们的经营业务及营业收入，

王莽岭

向所在官府如实呈报，官府在扣除成本后，按其盈利征税，税率为 1/10；如果不如实呈报或隐瞒不报，偷、漏税收的，轻者没收其财产，罚做徭役一年，重者罪至死。征课范围之广，处罚之严，是王莽时期的一大特点。

"六筦"之法执行后，在限制商人哄抬物价、囤积居奇、兼并农民等方面的确收到了一定效果；同时，"六筦"所涉项目均系人民日用必需品，皆送往迎来、喜丧必备之物，即使物价昂贵，人民也不得不买，所以财政收入也是有保证的。但是，有的物品如鸟、兽、鱼、鳖之类，有的收入如织纴、补缝等，收入有限，政府统统课税，等于剥夺了经营者的生计，如此一来，平衡负担只不过是一句空话，反而给人们的生活带来了诸多不便。再者，王莽起用主持"五均六筦"的张长叔、薛自仲等人，均是巨奸大贾，他们勾结地方官吏，"乘传求利，交错天下"，多方苛剥百姓，财政收入完不成，府库充实不了，又重罚于民，导致阶级矛盾日益尖锐，加速了王莽新朝的败亡。

第二节
秦汉时期的赋税

秦国的田制变革

　　战国时期以后，由于铁器广泛在农业上使用，生产力大大提高，土地大量被私人占有。秦国施行商鞅变法，是分两次进行的。第一次开始于公元前356年，第二次开始于公元前350年。变法涉及内容很多，归纳如下："除井田，开阡陌"，民得买卖土地、承认土地私有；废除"世卿世禄"制度，按军功大小授予爵位；废除分封制，建立郡县制、编制户口、什伍连坐；重农抑商、奖励耕织；"平斗桶、权衡、丈尺"，颁布标准度量衡器；"燔诗书而明法令"。

　　秦始皇统一六国后，于三十一年（公元前216年）颁发"使黔首自实田"的法令，进行全国性的土地登记。这是由于秦对原东方六国的土地占有情况很难掌握。这次登记，在于承认现实土地的占有状况，以稳定赋税收入。这样，秦朝也就以国家统一法令的形式确认了土地的支配权，促进了国家经济的进一步发展，秦始皇承认土地私有合法化。黔首，也就是平民百姓。贾谊《过秦论》曰："废先王之道，焚百家之言，以愚黔道。"含义与当时常见的"民""庶民"

商鞅

相同。秦始皇二十六年（公元前221年）下令"更名民曰黔首"（《史记·秦始皇本纪》）。这是秦统一中国后更定名物制度的内容之一。秦始皇三十一年（公元前216年）下令"使黔首自实田"，即命令占有土地的地主和自耕农，按照当时实际占有土地的数额向封建政府呈报。颁布"黔首自实田"至少有两种意义：第一，官府承认私有土地的合法性，并依此征收田租；第二，查清是否符合"名田宅法"。这是根据现有文献所知道的秦第一个承认土地私有的法令，意味着私有土地受到君主政权的保护，私有土地所有制在全国范围内正式得到确认。土地私有合法化，促进了大土地所有制以及地主经济的发展。同时，也使地主阶级利用土地剥削人民合法化，压在农民身上的地租、赋税以及各种徭役也愈来愈重。

秦朝的田租和徭役

秦朝称田赋为田租，是国家向土地所有者征收的土地税，属收益税性质。秦始皇在统一全国后，制定了一系列政治、军事、经济和文化等方面的制度。田制和赋税方面，由内史总管全国的田租收入，掌管粟米之征。刍稿都是同粟米同时征收的，都应属于田赋收入的范围。如秦二世皇帝元年（公元前209年）用度不足，"下调郡县转输菽粟刍稿"。按规定向国家交纳人头税，服繁重的徭役。秦代的田赋负担相当沉重，征收量达到2/3，田租田赋，盐铁之利，相比之下20倍于古。在这种情况下，农民常"衣牛马之衣，食犬彘之食"，生活极端贫困，社会生产被严重破坏。

田赋的征课依据是土地册籍。核实土地数量的方法，就是秦代的"黔首自实田"。口赋、算赋，对人征收，属于人头税性质。按人头征税，最先开始于秦代。据史载：秦代曾使税吏挨家挨户按人头数量收税，用一种竹制的箕收敛，充作军费，至于是否有男女老少之别，收多收少之差，史无记载。从秦到汉，对于少数民族的田赋，征课标准和方法又有所不同。据载：秦惠王时，对巴中（今四川省东北部）的巴族，"其君长岁出赋二千一十六钱，三岁一出义赋千八百钱。其民户出㡇布八丈二尺、鸡羽三十缑（打猎的一种箭）"，属于集体性质征收的类型。

古代，凡国家无偿征调各阶层人民所从事的劳务活动，皆称为徭役，包括力役和兵役两部分。它是国家强加于人民身上的又一沉重负担。秦始皇统

一全国后，对外征战，对内大兴土木，都要征用大批劳动力，人民的徭赋负担十分沉重。据记载，秦代营建阿房宫用 70 万人，在骊山修始皇陵动用 70 万劳力，北筑长城约 50 万人，屯戍岭南 50 万人，北防匈奴 30 万人。仅这几项征调，就已动用劳力近 300 万人，占全国人口总数 2000 万人的 15% 以上。至于为保证官府和军队所需官物粮草的运输，又有大批劳力被调发。当时为供应河北（黄河以北、潼关以东）戍守军士的粮草物资，男劳力基本上全部当兵服役，冻饿而死者不计其数。可见，秦代徭役对社会生产力是一种破坏。平民被征发服劳役，一般包括建筑宫室、陵墓、城池、边境和冲要的障塞，修筑驰道，治理江河，修筑大规模的农田水利灌溉工程，堵塞黄河决口，往边境运送粮草物资，军队出征时军需用品的运输，以及皇帝出巡时所经过道路桥梁的修筑和维护，运输工具的供应，随行人员的招待等。这些项目，虽然工程规模大小不一样，但沉重的劳役给贫苦人民带来了诸多不便。

汉代的田制

"汉承秦制"，张家山汉简《二年律令》（1983 年出土于湖北江陵）中有大量汉代名田制的法律条文，是研究汉代名田制的主要资料。张家山汉简《二年律令》为吕后时期的法律文书，亦将田宅的制度称为"名田宅"。张家山汉简中的名田制，其以户为单位并以爵位为基础的田宅等级标准，就基本原则而言，与秦国的"名田宅"是一脉相承的。名田宅实际起源于更早的战国时期。其田制既有"田"也包括"宅"，确切应为"名田宅制"。

汉初，因为长期战乱，民众土地占有量不清，"令民得以律（系指名田宅律）占租"，就是指农民自己申报。与秦代的"黔首自实田"有相同的查实地亩作用。报告的内容包括耕地面积、大小人丁、土地产量等。经乡一级主管官吏三老、啬夫审查核实，统一评定产量后，再根据实有田亩数、评定的亩产量和国家规定的税率，求出应纳税额，登记入册，按户汇编，上报到县，经批准后，由乡佐组织征收。后来，因国家无事，社会稳定，在土地税收变化不多的情况下，为简化征收手续，就根据连续几年的征收情况，规定一个固定的税额，据以征收。

汉代田租的征课变化

汉代土地赋税因袭秦制，仍称田租（注意：区别于缴地主地租）。田赋的征课范围，为土地的出产物，均以实物缴纳。田赋的征收，除了粟米之外，还有刍稿。刍稿是农作物的秸秆，用以充当饲料、燃料和建筑材料之用。汉初，刘邦登基后，面对经济凋敝、人民逃亡、府库空虚的残破景象，为了巩固自己的统治，确定了一条还兵于农、恢复生产、轻徭薄赋、与民休息的政策。具体到田赋，其征收原则是："量吏禄，度官用，以赋于民。"田租一律用实物缴纳，且实行轻税政策，定为"十五税一"（即税率为1/15）。约法省禁，减轻田赋，后因财政困难，改为"什一而税"。汉惠帝时，下令"减田租，复十五税一"。可知刘邦在位的12年间，后期因国家财政上的需要，税率曾经有所提高，但惠帝即位后，马上恢复了原来的税率，使"十五税一"保持下来，即使吕后当政时也未见改变。

文帝时，农民生活有所改善，但仍然困难，国库无所积蓄。贾谊在《论积贮疏》中指出："汉之为汉，几四十年矣，公私之积犹可哀痛。失时不雨，民且狼顾；岁恶不入，请卖爵子（即官家卖爵位）。"文帝二年（公元前178年）和十二年（公元前168年）分别两次"除田租税之半"，即是租率最终减为三十税一，成为定制。文帝十三年（公元前167年），还全免田租。汉景帝时，晁错在《论贵粟疏》中说："地有遗利，民有余力，生谷之土未尽垦，山泽之利未尽出也，游食之民未尽归农也。""薄赋敛，广积蓄，以实仓廪，备水旱，故民可得而有也。"使民尽务农桑："可时赦，勿收农民租"。汉景帝在打击豪强方面，采取了更加严厉的措施。西汉以"文景之治"为标志的太平盛世，是通过轻徭薄赋政策取得的。

刘邦

东汉初，因战争的影响，支出浩繁，田赋改行什一税率，即根据同一块

55

土地连续几年的平均收获量，征收 1/10 的税。当北方的主要地区得到统一，征收面积扩大，屯田收入有了增加以后，建武六年（公元 30 年），又诏行西汉旧制，三十税一。直至东汉献帝初，循而未改。两汉的轻税政策，有力地保护了豪强地主阶级的利益，促进了豪强经济的恢复和发展。东汉末年，由于豪强割据势力的兴起，簿籍散失，人口流亡，临时按户征调随之而起，秦汉田租田赋制度因此而遭破坏。

东汉与秦、西汉是相同赋税制度，田租中粮食和刍稿属于田赋无疑。同样按照田亩征租，按照人口征赋。另外，东汉桓帝、灵帝时期田赋附加开征。桓帝延熹八年（公元 165 年），因对羌族用兵等原因，耗费很大，开征田赋附加，用货币缴纳，每亩加征铜钱十文，这是田赋附加的开始。灵帝中平二年（公元 185 年），因南宫遭火灾，烧毁殿堂多处，又因广阳门外屋宇毁坏，需要修建，以此为名，向天下田亩征收附加税，亩收铸币 10 钱。这两次附加，都属于临时性质的征收。

汉代对边区少数民族在田赋上是有照顾的。《史记·西南夷传》载：蛮夷有"顷田不租，十妻不算"的照顾，即一户免收一顷田的田赋，免交十个妇女的算赋。

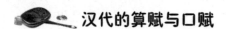

汉代的算赋与口赋

除了征收实物外还征收钱财，说明当时商业有了发展，货币在经济活动中地位的上升。发展到汉代，征收货币的人头税已经制度化，除了有算赋、口赋之分，另外还有户赋。

1. 算赋

算赋是对成年人征收的人头赋。算赋的开征始于汉高祖四年（公元前 203 年），当时规定：凡年龄在 15 岁以上至 56 岁的成年男女，每人每年需要向国家缴纳算赋 120 钱，叫一算。作国家购置车马兵器之用。算赋的税额，时有升降。汉初规定：120 钱为一算。文帝时，经济得到恢复，人口增加。为了减轻人民负担，在减轻田租的同时，也将算赋由一算 120 钱改为一算 40 钱。武帝时，由于对外用兵，国家财政不足，算赋又重新改为 120 钱为一算。以后，又数度变动，宣帝甘露二十年（公元前 52 年），以 90 钱为一算；汉成帝建始二年（公元前 31 年），以 80 钱为一算。

汉代的算赋，具有强烈的政策性，它征多征少，对具体征收对象的确定都体现了国家的政策要求。首先，对少数民族有特殊规定：如对武陵蛮夷（指居于今湘西、鄂西地区的少数民族），每年大人输布 1 匹。对板蛮人，除其渠帅罗、朴、督、鄂、度、夕、龚等七姓不

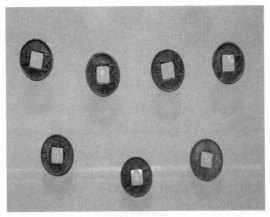

汉代钱币

输租赋外，余户岁人钱每口 40。其次，为限制商贾牟取暴利，在赋税上对商人加重征敛，每人每年两算，即纳 240 钱。再次，为保障农业生产有足够的劳力，鼓励人口繁衍。对家有奴婢的课重税，每人每年两算，占有奴婢越多，纳税越多。为了鼓励生育，对晚婚者课重税，凡女子 15 岁不结婚，到 30 岁，分成五等，每升一等，加征一算，到 30 岁加到五算，即一年要交 600 钱。这种累进课税法，在税制上说来，也是一种进步。

2. 口赋

汉代的口赋又叫口钱，征收对象是 7 岁至 14 岁的少年儿童。汉代规定，凡适龄的少年儿童，不论男女，每人每年要缴纳口赋钱 20，充作皇室收入。汉武帝时因用兵于西域，国家财政困难，为了弥补国家财政的不足，加重口赋的征收，3 岁起征口赋，并附加 3 钱供军马粮刍用费，称马口税。征课额增加到 23 钱，作为军费开支。由于口赋的加重，人民难以负担，致使有些民户生子辄杀，制造了很多惨剧。但这种严重的社会现象，却未引起统治者的重视，一直维持到汉元帝初元元年（公元前 48 年），由于贡禹的建议，才又恢复到 7 岁起征。但口赋数额并未减少，每人每年仍征 23 钱。对少数民族地区，也要征收口赋。如东汉时，对武陵蛮夷地区的儿童，每口收布 2 丈。

3. 户赋

户赋是在封君食邑区域对民户征收的一种税。汉朝，封了不少异姓和同

姓王，并封给这些王侯一定的封国或封地。汉景帝后，列侯封君以封地食邑内的租税供充俸禄。封君的收入包括在封地内征收的田租、户赋和市税。户赋按户计征，每户 200 钱。因户赋由郡县征收后，直接输给封君列侯，所以也属于王室财政，不直接列入国家财政收入之内。

汉代的赋税减免政策

汉代推行重农政策的另一表现，就是除了对土地适用轻税政策，促进农业生产发展外，在不同时期、在不同的情况下，采取各种减免赋税的措施，以稳定社会秩序、巩固统治。汉代的减税、免税（包括对人征税和对土地征税的减免），根据其减免的原因、减免的性质及其欲达到的目的，大致可分为如下几种类型：

1. 灾歉减免。旱灾、蝗害、大水，会出现饥荒。有灾之年，国家除了开仓赈济外，还给予减税、免税照顾。如昭帝始元二年（公元前 85 年），下诏："往年灾害多，今年蚕麦伤，所赈贷种、食，勿收责，毋令民出今年田租。"这种灾歉减免，在西汉时期是比较多的。东汉安帝建光元年（121 年）秋，京师及其他 29 郡国雨水过多，冬天又有 35 郡国受地震之灾，人、财、物损失很大，于是在免除田租的同时，又对遭灾严重地区免除了口赋。

2. 行幸减免。这是一种临时性质的减税和免税。这种减免，发生在皇帝出巡某地，或去泰山封禅，郊祭泰畤等时候，为了表示"爱民"，而发出减税、免税命令。如文帝公元前 3 年 5 月，自甘泉到太原，"举动行赏，诸民里赐牛酒。复晋阳、中都民三岁租"。武帝天汉三年，下令凡他沿途所到之处，都免除田租。

3. 劝农减免。为了鼓励和督促农民积极参加农业生产，创造更多的收入，有利于君主王朝的统治。文帝（公元前 2 年）担心农民弃农经商，影响农业生产，于是亲自过问农事，责令有关官员组织和督导农民努力务农，并宣布免除全国当年田租的一半。

4. 移民免复。移民是秦汉合理配置劳动力，促进土地开发的一种措施。为此，汉代王朝在土地税征收上也给予了减除徭役的照顾，包括短期和长期的；汉高帝十一年（公元前 196 年），令丰人（汉高祖为沛县丰邑人）徙关中，免除终身徭役。汉宣帝地节三年（公元前 67 年），诏凡流民回归本土的，租给公田，借给种子、粮食，并免除算赋。综上可见，汉代的减免措施是为当时的政策服务的，是"重本抑末"政策的组成部分，有利于生产的恢复和社会的稳定。

汉代酒专卖与盐务管理

汉代饮酒成风，酒肆的生意更加红火了。汉代的酒业生产规模比前代有了很大发展，私人开办的酒肆作坊在都市和乡镇分布极广。《史记·货殖列传》记载说："通邑大都，酤一岁千酿。"大商贾的酒业作坊于都市有很大的售卖空间。汉代的酒肆已明显地具有卖酒与供人饮酒的双重职能了。《史记·司马相如传》中记载了一个"文君当垆，相如涤器"的故事：司马相如应友人临邛令王吉的邀请，到临邛去做客。当地的大富豪卓王孙也宴请了司马相如。结果卓王孙新寡的女儿文君爱上了司马相如，二人便趁黑夜私奔回了成都。可是司马相如家徒四壁，一贫如洗，二人无以为生。于是，双双回到临邛，变卖了车马，买了一家酒店，卓文君当垆卖酒，"相如身自著犊鼻裤，与保庸杂作，涤器于市中"。开了一间小酒家，卓文君淡妆素抹，当垆沽酒，司马相如更是穿上犊鼻裤，与保庸杂作，涤器于市中，就是一个卖酒的鲜明的例子。

与酒业生产相应，两汉酒风之盛承前代余韵，有过之而无不及。汉高祖就是一个酒徒，在没有成就霸业之前，整日与一帮朋友混迹于酒肆，到了君临天下时自然会把酒高歌。他衣锦还乡唱的《大风歌》自然对饮酒之风有巨大推动。"文景之治"、汉武帝的文治武功，乃至"光武中兴"等汉代的富足之世为酒风创造了充分的物质条件。尽管每遇到灾荒之年，统治者多次下令禁止民间酿酒，以达到节约粮食的目的，但是这根本无法遏止如火如荼的酿酒和饮酒之风。无论是宫中朝堂的达官贵人，还是民间士林的细民九流对酒都极为热衷，使汉代一度实行的"榷酒酤"之政（即酒类由政府专营）也无法彻底施行。

汉代初年禁止群饮，法律规定，三人以上无故合群饮酒，罚金四汉两。汉文帝时，天下太平，除了允许人们酿酒、聚饮外，朝廷往往还赐牛、酒等物品给老年人。汉景帝时期，初因旱而禁民酤酒，"后元年夏，大酺五日，民得酤酒"（《汉书·景帝本纪》）。汉景帝（公元前157年—公元前141年在

汉代酒器

位）时，因发生夏旱，下令禁止卖酒，4年后才弛禁。汉代对酒实行专卖，始于汉武帝天汉三年（公元前98年）御史大夫桑弘羊建议，开始实行"榷酒酤"，由官府酿酒出售，禁民间私酿。实行了17年之后，因在"盐铁会"上遭到贤良文学的坚决反对而不得不做出让步。汉昭帝始元六年（公元前81年），废罢榷酤，允许民间卖酒，改专卖为官府征税，酒税限定为每升四文钱。汉宣帝主张"勿苛酒禁"，使酒禁有所松动。

西汉的专卖政策，是同汉代的国策相适应的，特别是汉武帝时，为了满足其安边扩土的需要，广开财源，所以，对盐、铁、酒实行专卖，以获取更多的财政收入。汉代的专卖政策确实为国家财政带来了好处，解决了战争带来的财政困难，有助于增强财力，有助于国防建设和边境人民生命及财产的安全，对汉代经济的稳定与发展是有积极意义的。但是，盐铁在专卖过程中，出现了不少弊病，主要是价格太高，民多不便；铁器质量粗劣，又无选择的余地；有时还征调人民去服徭役。

西汉时期长安食河东盐池之盐，盐池产盐主要供应京城。晋南盐池不仅是国家财政来源之一，而且关系到京城君臣百姓的生活，地位非同一般，所以《汉书·地理志》记载全国设盐官的郡县时，把河东郡安邑置于首位。河东郡的安邑盐池，是开发最早的产盐区，经过历代开采，汉代时规模很大，盐质亦佳，以致汉光武帝也曾于元和三年（公元86年）八月"幸安邑，观盐池"。皇上亲自视察盐池，当然不是为了满足自己的新奇感。

王莽代汉前后，面对当时土地兼并加剧、经济剥削加重、农民极度贫困、阶级矛盾十分尖锐的状况，为了缓和阶级矛盾，稳固自己的统治，不得不在"齐众庶，抑并兼"上下点功夫。他采取的措施是实行"五均六筦"政策，"五均"就是指在长安、洛阳、邯郸、临淄、宛、成都六个城市设"五均司市使"，即"五均官"，由原来的令、长兼任。主管评定物价、调节市场、办理赊贷、征收税款等事宜。评定物价是指五均司市使要定时对市场上的主要产

60

刘秀殿

品物价进行评定；调节市场是指控制市场供应，货物滞销时，以合理的价格收购，货物涨价时，以平价出售，以维护市场秩序；办理赊贷是指根据实际情况办理无息贷款或低息贷款，以帮助百姓及商家缓解资金之困；征收税款是指征收山泽税和其他各种杂税。"六筦"是指国家专营的六项事业，即盐、铁、酒三种产品的国家专卖及铸钱、征收山泽生产税、经办五均赊贷三项业务。对国计民生至关重要的盐、铁、酒、山泽、五均赊贷、钱布铜冶六项事业实行国家统制管理/课征，避免落入豪民富贾手中，于国于民不利。而真正目的在于增加财政收入。

东汉光武帝刘秀废除食盐专卖之法，罢私煮之禁，听民制盐，自由贩运。在产盐较多地区设置盐官，征收盐税。汉章帝元和元年（公元84年）因财政困难，采纳尚书张林建议，官府煮盐，恢复汉武帝时期的官营办法。汉和帝永和元年盐官仍主税课，盐业民营，直至汉末。

第五章

三国两晋南北朝时期的赋税制度

　　在三国两晋南北朝这个大动荡、大分裂和大倒退的中衰时期里，统治中心呈现多元化，少数民族登上历史舞台，给边远地区的开发和经济发展带来了机遇，同时也是中华民族大融合、封建政治经济制度日趋成熟、赋税制度和赋税思想进一步发展的时期。从某种意义上讲，它为隋唐大帝国的到来奠定了坚实基础。

第一节
三国魏晋南北朝的经济与赋税概况

三国时期经济与赋税概况

1. 魏国

东汉末年的战乱给全国的社会经济造成了极大破坏，尤以黄河中下游地区最为严重，"是时天下户口减耗，十裁一在"。劳动力急速减少，大片土地荒废，社会生产凋敝。史载："中国萧条，或百里无烟，城邑空虚，道殣相望。"社会经济的极度衰落使中原地区作为西汉以来基本经济区的地位发生了动摇，也使得此后狭小的四川经济区和后起的长江中下游经济区与之形成了长达 60 年的抗衡之势。

曹操最初的目标是在汉末纷争中成就自己的霸业，其部属毛玠献策说："夫兵，义者胜，守位以财，宜奉天子以令不臣，修耕植，畜军资，如此则霸王之业可成也。"在这一战略思想的指导下，曹操最终统一了北方，成就了其拥有"九州之地"的"霸王之业"。

"修耕植，畜军资"战略方针的核心内容是恢复和发展农业经济，为军事行动做财政和物质上的准备。曹操为此先后制定了以解决军粮供应为主要目的的屯田政策并及时进行了租调制改革。这两大财政政策成为支持曹操取得争霸战争胜利的支柱。各级地方官吏"勤劝农桑"、兴修水利的努力则为曹魏境内经济的恢复和发展起到了积极作用，也为争取战争胜利起到了有力的财政保障作用。

曹操在基本上统一北方并获得了一定的财政经济力量之后，曾有意灭蜀进而统一全国，但这一时期黄河中下游经济区"军旅征行""百姓流离"，经济的恢复和发展还难以保证战争的胜利。曹操也正是意识到自己尚不具备统一全国的财政经济实力，所以明智地接受了大臣刘廙的建议，果断放弃了对蜀发动统一战争的策略，而专心谋求北方地区的"国富民安"。

曹丕称帝以后，曹魏逐渐在三国鼎立中显露优势，日渐成为统一全国的主导性力量。这不仅仅是因为其有着"九州之地"的客观条件，更重要的是曹操时的财政经济政策到这时已经明显生效，加之曹魏政权建立后，大大缩小了对外战争的规模，使黄河中下游经济区进入了一个较稳定的恢复和发展时期。

 2. 蜀国

从刘备建国（公元221年）到刘禅降魏（公元263年），蜀汉仅历两帝，42年。作为三国中国力最弱小的一方，蜀汉之所以能与魏、吴抗衡而成鼎立之势，首先是因为它在汉末占据了经济较为发达的益州地区，后又北取汉中，南定南中，形成了以益州为中心、南北依托的势力范围。刘备、诸葛亮集团经过苦心经营，终于在公元221年继曹丕称帝之后建立蜀汉政权。

刘备去世后，国政由丞相诸葛亮执掌，诸葛亮凭借着杰出的治国才华，除了确保国内政治稳定，还采取了诸多巩固国家财政、发展社会经济的措施。

诸葛亮实行了"务农殖谷，闭关息民""闭境劝农，育养民务"的政策。都江堰及其灌溉区是蜀农业最发达的地区，经过诸葛亮的治理，成都平原成为"沟洫脉散，疆理绮错；黍稷油油，粳稻莫莫""水旱从人，不知饥馑，沃野千里，世号陆海"的"天府"之地，成为蜀汉国家财政收入主要的调取之地，这是相对国小力弱的蜀汉之所以能够与魏、吴抗衡长达近半个世纪的主要原因。

诸葛亮注意到促进社会经济全面发展的重要性。他根据益州资源丰富的特点，大力发展当地的手工业生产。蜀地素产盐铁，自古以来煮盐、冶铁手工业相当发达。为了增加政府财政收入，刘备集团入蜀之初即注意对盐铁之利的控制。在组织夷人煮盐冶铁的同时，还派人向其传授织锦方法。蜀锦在蜀汉经济中占有重要地位，当时，大批蜀锦运销吴、魏，成为蜀汉财政收入的一项重要来源。

正是由于诸葛亮的勤奋治理，蜀国才出现了"田畴辟，仓廪实，器械利，

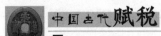
蓄积饶"的景象。但是，连年征战，使社会经济持续地遭到破坏，人民生活日益贫困化。

蜀汉后期，蒋琬、费祎、姜维先后辅政，政治经济进入一个比较稳定的时期。对外实行联吴抗魏的策略，但并不像前期那样频繁地发动北伐战争。遗憾的是姜维不听劝告，依然屡屡兴师动众，连年北伐，军费开支却比前期更大，最终将蜀汉拖得筋疲力尽。

 3. 吴国

孙吴政权于公元222年正式建国，公元280年被西晋所亡，而其的最终灭亡与其后期国家财政的衰竭有着紧密关系。建安五年（公元200年），孙策临终时为孙权制定了"保守江东"的战略方针。在这一方略指导下，孙吴对内集中精力进行发展经济，充实财政，巩固政权；对外则基本上实行联蜀抗魏的策略，赤壁之战后便很少主动出击，军费支出在三国之中是比较少的。

在整个孙吴的统治区域中，经济发达地区面积并不大。为了克服主客观条件对国家财力的制约，孙吴政权实行多项发展经济的政策，同时禁止地方官吏在农时征调徭役，以劝课农桑。由于做了不间断的努力，长江中下游经济区得到比较好的发展，基本上做到了"米有蓄积，财货有余"。

尽管如此，孙吴政权的财政依然存在许多困难，为了应付必需的行政开支，确保政权的生存和发展，不得不征发较重的赋调和徭役，繁重的赋役不仅使农业生产无法正常进行，连人民生活都难以保证。正如陆逊所说："干戈未戢，民有饥寒。臣愚以为宜育养士民，宽其租赋，众克在和，义以劝勇，则河渭可平，九有一统矣。"

 两晋时期经济与赋税概况

 1. 西晋

西晋历4帝，53年。其中，自晋武帝司马炎称帝至出兵灭吴前（公元265—公元280年），一直是以长江为界，晋、吴对峙；永嘉元年（公元307年）之后，北方已经是割据政权林立。因此，包括"八王之乱"的16年在内，西晋维持统一局面充其量也不过 26 年。

从司马炎代魏到灭吴重新统一中国，前后用了 15 年时间。在这 15 年中，晋武帝司马炎所确立的国家战略是"积谷养民，专心东向"，为完成统一大业做着积极的财政和军事准备。具体实施的政策有：

（1）减免赋税，缩减财政开支。公元 265 年，晋武帝代魏，随即下令"复天下租赋及关市之税一年，逋债宿负皆勿收。除旧嫌，解禁锢，亡官失爵者悉复之。"还下令减免灾歉地区的赋税，以助百姓重建家园。

（2）"重农积谷"，发展生产，增加储备。"是时江南未平，朝廷厉精于稼穑。"晋武帝积极倡导发展农业生产。泰始四年（公元 268 年）正月，诏曰："方今阳春养物，东作始兴，朕亲率王公卿士耕籍田千亩。"并于泰始十年公元 274 年）十二月设立了专管籍田事务的籍田令，敦促地方官员劝课农桑，并以此作为考察官吏政绩的标准之一。

（3）实行平抑市场粮食价格的政策，以保护农业经济。泰始四年（公元 268 年）设常平仓，"丰则籴，俭则粜，以利百姓"。"平籴法"的实行有效地平抑了市场上的粮食价格，不法商贩的投机活动得到控制，保护了作为国家税源的自耕农经济，也增加了国家的粮食储备。

经过十几年的"积谷养民"，西晋的财政、军事实力已足可跨越长江天险，于太康元年（公元 280 年）灭吴，重新统一了全国。此后，西晋王朝对当时的经济、政治、法律等各项制度进行了比较系统的改革和创新。西晋制度建设的特色在于其创立和推行了中国历史上著名的占、课田法。

此外，西晋王朝还继承和发展了曹魏时期创立的"九品中正制"，使之成为维护世家大族利益和特权的一种选官制度。这个制度使以司马氏为代表的西晋世家大族不仅获得了世袭爵位，而且还取得了高官厚禄，萌发于东汉的门阀士

晋武帝司马炎

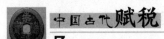
族制度从此确立下来。这是西晋政治制度的一大特点。西晋统一全国后，制定了划一的荫户制度，规定门阀士族地主按官品高低荫亲属和荫人为衣食客，并可按官秩占田。

西晋的改制尽管有很多缺陷，但它是顺应当时历史发展需要的，是具有承前启后作用的。

2. 东晋

永嘉之乱后，北方进入"十六国"时期。受战乱的影响，大批贵族官僚、豪强地主携带宗族、家兵、部曲，甚至裹胁着乡里流徙江南。长安陷落后，在江南的南北大族拥戴晋宗室琅琊王司马睿为帝，改元建武，建都建邺（因避愍帝司马邺讳，改称建康），史称东晋。东晋是门阀士族势力的鼎盛时期，历11帝，104年（公元317—420年）。

原居北方的侨姓士族一到江南便到处"求田问舍"，恶性兼并土地和人口，强力分割封建国家的赋税来源，极大地激化了阶级矛盾、社会矛盾和统治阶级内部的矛盾；受战乱影响，大量人口南迁，史称"自中原丧乱，民离本域；江左造创，豪族并兼，或客寓流离，民籍不立"。为稳定政权，东晋王朝实行侨置郡县的政策以安置流亡士族和农民。但随着时间的推移，南下者日渐增多，不税不役的"白籍"也越来越多，造成东晋户籍制度紊乱，士族地主趁机大量招徕劳动力。如果不设法制止这种现象，封建政府将失去更多的编户，将导致税源枯竭，形成"国弊家丰"的局面。于是，国家出台了著名的"土断"政策。所谓"土断"，就是以土为断，将侨州郡县经过一番整理，与当地原有的政区制度结合起来，将侨人"土著化"，令其著籍输课，使他们成为封建政府所掌握的编户，承担赋役。具体来说，就是把"白籍"侨居户和浮浪人按其居住所在地编入"黄籍"，即居住在哪块土地上，就被确认为哪块土地上的人，归当地郡县管理，与土著居民一样照章纳税服役，不再隶属于侨置郡县，也不再享受任何免税免役的权利。

"土断"为东晋王朝争得了大量纳税编户，有利于财政收入的增加，但封建政府与贵族豪强争夺人口的斗争不是几次"土断"就能解决的，因此，"土断"政策一直延续到了南朝时期。

南北朝时期经济与赋税概况

1. 南朝

南朝（公元 420—589 年）是东晋之后建立于南方的宋、齐、梁、陈 4 个朝代的总称，有 170 年的历史。此时，中国正处于南北分裂的时期，南朝与北方的北齐、北魏、北周等国在历史上合称"南北朝"。

南朝虽然朝代更迭频繁，但它们的基本政治特征是大体一致的，即士族门阀势力逐渐衰落，寒门庶族地主兴起，形成了士族和庶族联合专政的局面。

另一方面，南朝的社会经济特别是农业，由于北方流民大量南渡和南方农民起义的推动而有所发展，但随着工商业发展、土地买卖的盛行和土地所有权转移的加速，国有土地制度日趋没落。

由于国土相对狭小，战乱频繁，政权腐朽，南朝政权对人民的赋税剥夺异常沉重，农民的生活处境一直十分悲苦。这是从总体上看，南方经济虽然表面上强盛，但国家的政治活力却是北方强于南方的根本原因。

2. 北朝

从公元 386 年北魏王朝建立，至公元 589 年隋朝统一全国，史称"北朝"。此间，北魏维持了近 100 年的统治，后来分裂为东魏和西魏，接着北齐代东魏，北周代西魏。公元 577 年，北周灭北齐，重新统一北方，公元 581 年北周又为隋朝所取代。

鲜卑族拓跋氏建立的北魏政权经过数十年的战争，最终实现了中国北方的统一，结束了各民族政权相互割据和混战的状况，对推动各民族进一步融合起到了积极作用。北魏的成功改革主要发生在孝文帝父子在位期间，史称"孝文改制"。尽管当时北部六镇仍存在一些民

北魏时期彩绘陶俑

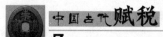
族矛盾问题，但只是局部现象，已不可能从根本上动摇中华民族大融合的大局面，新的、统一的封建王朝正在孕育中。

第二节
三国两晋南北朝赋税

控制和争夺土地与户口，一直是封建王朝谋求充裕财力、巩固统治的着眼点。处于战争动乱分割而治的状况下，更是如此。东汉末，地方军阀混战。在稍得喘息之区，大量土地被士族豪强地主所抢占。他们纷纷广筑坞堡，招募流亡，广占部曲私属荫附户口，出现了不少自保自足的大小土围子，分夺了国家的财力、物力、人力。自三国时开始，面对这种经济衰退而又势力分散情况，如何通过田制、田租的整顿，从其所能控制的土地与户口的范围内征收更多的赋税，成为近370年中各个王朝统治者力求乱中应变、治政图存图强的头等大事。以土地农业收益为依据的田赋征收制度，出现了不少流迁变易，大致情况如下。

东吴的赋税制度

东吴的赋税种类繁多，根据其征收标准和征收物不同可分为租、赋、算、税四大类。"租"主要为田租，按田亩多少与产量高低相结合的办法分等级征收，以实物缴纳为主。"赋"主要有算赋、更赋，计口征收，所纳多为钱币。"算"主要有算缗、算赀、户赋，主要是对商人、手工业者、居民等征收的财产税，多按财产的多少分等征收，用钱币缴纳。"税"主要有关税、盐铁税或专卖酒税或专卖市税等杂税，一般按货物的数量多少征税，以征收钱币为主。东吴政府对年龄高者的家属、残疾者、发生天灾、帝王登基等情况下减免赋税，这些减免措施或多或少减轻了人民的负担，促进了农业和经济的发展。

通过和汉代赋税制度的对比发现，东吴赋税制度总体上继承汉制，但对汉制又有所创新。出现这种情况，和当时江南受战争的破坏作用较小，东吴统治者的政治态度和征战频繁的时代背景等有关。东吴前期，由于统治者比较重视农业生产，并采取一些减免赋税的措施，政治、经济得到了缓慢发展。东吴后期，赋役极其沉重，人民对政府离心离德，加速了政权的灭亡。东吴的赋税制度对东晋南朝的"丁中老小"制度、九品相通制度、门阀制度的形成和发展均产生了重要影响。东吴赋税制度正好处于汉代赋税制度向租调制转变的过渡阶段，对我们研究赋税制度的演变具有重要的研究和参考价值。

曹魏时实施的"田租户调制"

曹操在汉末主政。鉴于其统治地区经黄巾之乱多成废墟，大量荒田待垦，军需民食不足，采取了包括民屯和军屯两种形式的屯田制，专置屯田官，将战争中夺得的劳动力和耕牛，先在许昌附近开辟屯田，然后推而广之。规定屯田区的土地属封建国家所有，耕种屯田者称为佃客（军屯则分派给军士耕种），分种国家土地。凡用官给耕牛的按四六分成取租，自备耕牛的对半分成取租，佃客向国家交纳田租后，不再负担各种徭役（当时蜀、吴两国也实行类似的屯田制）。曹魏统一中原后，对各地自耕农又改按每亩交纳田租四升稻谷，使汉末百分税一，对地主等于免纳田租，使旧制发生了改变。同时，废除了两汉时行之已久的口赋与算赋制，改为按户每年纳绢2匹，绵2斤，不再实行额外多取的"户调制"，创制了一种新的田赋征收形式。

据《三国志·魏志·武帝纪》记载，曹魏的赋税制度是："其收田租亩四升，户出绢二匹、绵二斤而已……郡国守相，明检察之，无令强民有所隐藏，而弱民兼赋也。"曹魏的赋税制度，与汉代相比有两个特点：（1）汉代的土地税是按土地的收获量分成征收，如"十五税一""三十税一"等。而曹魏的土地税则是按亩计算，亩收四升。（2）汉代的户口税是按人口征收钱币的，而曹魏的户口税是按户出绢2匹、绵2斤，也就是将征收钱币改为征收实物。

西晋的"占田""课田"制和"户调之式"

西晋统一后，因魏初实施的民屯制在豪强兼并扩张下渐遭破坏，国家租赋收入为豪强侵夺而受到损害，于是罢去屯田官，推行"占田""课田制"，凡民屯土地，改归郡县管理，佃户或仍属佃客，或成自耕农，除军屯田外，规定每一丁男占田数为 70 亩，女为 30 亩；丁男应负担田租的土地为 50 亩，丁女为 20 亩，次丁男为 25 亩；负担田租的地，称为"课田"，每亩每年应向政府纳租谷 8 升。占田数和课田数，并非按户实投，只作为分配占有土地的限数和就户征课田租的标准数，借以促使农户增辟耕地，保证赋税收入和防止脱籍逃税，以便控制土地户口。同时又规定，丁男之户，每年须向政府调（纳）绢 3 匹，绵 3 斤；次女或次丁男为户者，折半交纳；边远地区及少数民族耕户则另有规定；征收租调时，按贫富程度分为九等，分等定级，称为"户调之式"。为了解决官僚地主占有土地和荫附户口存在过多之弊，还按官品高低规定占有土地和荫附为生的食客限数，以示对特权者有一定限制。但由于政府既未能控制国内的土地户口实数，又难以遏制豪强兼并势力扩张，使创行的"占田"课"田制"实效不大。至于分等定级的户调之式，在南北朝时则仍多沿用。

"度田取租" 与 "从丁计税"

南渡后建立的东晋王朝，既不实行西晋时的"占田""课田制"，也不效仿北魏时的均田租调制，而是有所变易，采行度田从丁的租调制。东晋成帝时改就户为度田征收田租，度百姓田，取 1/10，大致为亩税米 3 升。由于度田仅凭观察，难以掌握田亩实数，易于欺瞒隐报，逃匿税收，一般说拥有田地多者税负多于拥有田地少者，与豪强地主利益有抵触，因之，孝武帝时又废度田取租，改为从丁计税，即凡王公以下人丁，每口征米 3 斛至 5 斛。田地所有者，不再问田亩多少，均依此课以同额税米，结果成为富少贫多，税收大部分转由农民负担。南朝各代的田租办法，大体上承袭东晋之制，但亩收租米则增为 5 石，梁、陈时每亩尚须另纳禄米 2 石，共达 7 石，其间尚有按亩征收 2 升附加者，因需而异，不尽一致。至于户调规定，亦有变易，东晋时户丁男征调年龄改为年 18 正课，年 16 半课，丁女以 20 岁为丁，较西晋为宽；征调实物改为岁征布 4 匹，较西晋调绢 3 匹，绵 3 斤为轻；南朝宋、梁、陈时并改为按丁征调，每丁男调布绢各 2 丈，丝 3 丈，绵 8 两、禄绢 8 尺，禄棉 3 两 2 分，租米 5 石，禄米 2 石，丁女半之，而男女以年 16 至 60 岁为丁，显较东晋为重了。

南朝的赋税制度

南朝宋齐的赋税制度，大体上沿袭东晋的成例，采用"户调法"，即按户征收赋税，民户缴纳调粟和调布。由于南朝产麻多，桑蚕少，民间织布多，织绢少，所以改征调布。丁男调布绢各2丈、丝3两、绵8两、禄绢8尺、禄绵3两2分、租米5石、禄米2石。丁女减半。

南朝梁陈的户调法与宋齐不同，宋齐是按民户资产定租调，而梁陈则是按人丁定租调。

南朝除了正常的户调田租两税以外，还有许多杂税和杂调。

北朝的赋税制度

北魏在实行均田制以前，采用"九品混通"的办法，把农民的一户与有大批依附农民的地主的一户等量齐观，作为负担租调的单位，这对农民是很不利的。当时的租调定额很高，即帛2匹、絮2斤、丝1斤、粟2石。实行均田制后的户调制度，以一夫一妇为课征单位。据《魏书·食货志》记载："其民调，一夫一妇，帛一匹、粟二石。民十五以上未娶者，四人出一夫一妇之调。奴任耕、婢任织者，八口当未娶者四。"由此可见，北魏的赋税制度，在推行均田制后基本上采取的是按口征税的办法。

北齐的赋税制度，大致与北魏相同。在河清三年（公元564年）重新颁行均田制后，同税实行"租调法"。据《隋书·食货志》记载："率人一床，调绢一匹、绵八两。凡十斤绵中，折一斤作丝。垦租二石，义租五斗。奴婢各准良人之半。牛调二尺，垦租一斗，义租五升。"这里所说的"一床"，即以一夫一妇两口为一个征收单位，仍是人口税为主。

北周的赋税制度，据《隋书·食货志》记载："凡人自十八至六十有四，与轻癃者，皆赋之。其赋之法：有室者，岁不过绢一匹、绵八两、粟五斛，丁者半之。其非桑土，有室者，布一匹、麻十斤，丁者又半之。丰年则全赋，中年半之，下年三之，若艰凶札，则不征其赋。"

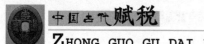
北魏的"均田制"和"租调制"

西晋王朝仅存在 51 年即被崛起的北方民族灭亡，随即出现了十六国近百年的分裂割据之乱。至北魏孝文帝时，北方地区始重归统一，当时，孝文帝采纳了汉族大臣的建议，对财经和赋税制度做了一次全面整顿改革，主要内容是实行"均田制"和"租调制"。

均田制规定，除桑田外，一般耕地都属于国家所有，归国家分配，私人只有使用权而无所有权。实行办法是：（1）按照人丁年龄、土地耕作物、奴婢劳动力、耕牛拥有数以及官吏任职等情况，分配授田。每一丁男女在及丁年龄内，可授露田 40 亩，备耕田 40 亩或 60 亩（视土地状况而定）；每一丁男另授桑田 20 亩，子孙可以承袭。具有永业性质；凡拥有奴婢者，比照授田，奴婢出卖后，所授之田归还政府；每户授田可拥牛四头，每头牛另授露田 30 亩，备耕田 30 亩，牛死或出卖时还田于官府；地方官吏在任职地按其官职大小，授差等限数的公田，调职免官时须移交下任。（2）实行均田前，先经清丈土地，地方基层建立了以五家为邻，五邻为里，五里为党，分置邻长、里长、党长的"三长制"，以管理土地、户口、赋税等事宜。北魏的均田制是我国古代实施土地国有进行合理分配的一次实践，对于破除当时豪强势力拥占土地荫附户口，分夺国家财政赋税之弊，促进农户生产积极性，增加财赋收入具有一定成效。其中的土地分配，区分为"口分"与"永业"之制，并为隋唐时所沿用。但终因政治动荡，未能行之久续而终止了。

北魏颁行的租调制，它的主要内容是：以户为课税主体，并以一夫一妇为户，规定每户年纳布帛 2 匹，粟 2 石，另有一些什调；年满 15 岁的未娶丁男，从事耕织的奴婢，以及拥有耕牛 20 头者，须另纳一定数量的租调；朝廷就租调收入的布帛总数，分为 15 份，内 10 份作为公调，2 份作为调外费，3 份作为内外百官俸禄之需。为了改变原来官无俸禄，依靠剥夺奴役贪渎为生的情况，还全面实行了官吏"班禄制"。为此，规定每户征调布帛在原定 2 匹基础上加调 1 匹，谷 2 石 9 斗，作为百官俸禄。

此外，还建立农官，实行屯田制。抽取州郡中 1/10 的户，由政府给予耕地牛畜，从事屯田耕作，屯田户每年纳粟 60 石，免除正赋、兵役和各种杂赋。

隋唐五代时期的赋税制度

　　隋、唐两代，是中国封建社会经济发展的鼎盛时期，国家统一、民族团结的局面维持了300多年。在这一历史时期内，国家政策比较宽松，各族人民共同努力，创造了巨大的物质财富和精神财富，封建经济和文化得到空前发展；中央专制集权体制得到加强和完善；国内各民族日益团结，同周边各国和民族的联系日趋紧密，大唐帝国已成为当时世界上文明富强、科技进步的大国和强国。但大唐帝国也没有走出封建社会发展的怪圈，唐玄宗后期，盛极而衰，藩镇割据，全国分裂为几个割据政权，经济也因此而走向衰退。

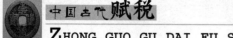

第一节
隋唐时期的经济与赋税概况

 隋代的政治、经济与赋税概况

　　从汉末至隋的统一，持续了近400年的分裂割据给社会经济带来了深重灾难，生产不足，经济萎缩，财源枯竭，新生政权面临严重威胁。以杨坚为首的统治集团励精图治，立足改革，终于使隋王朝得到迅速恢复和发展。

　　首先，在政治上改革朝政，整饬纲纪，调整机构，刷清吏治，为封建政权的巩固打下基础。在行政机构上，建立三省六部制，加强中央集权；同时，针对地方机构重叠、官多民少、办事效率低下的问题，开皇三年，下令废除郡一级，改行州县二级制；在军事上，将府兵制划归地方管理，"垦田籍帐，一与民同"。政府机构的简省、军事编制的改革，节约了政府经费，减轻了农民负担，

隋文帝杨坚

于生产发展有利。同时，隋初统治者提倡节俭，整顿吏治，也使社会风气得到了改善。

　　其次，在经济方面，也采取了积极有效的措施：（1）整顿户籍和赋役制度，促进农业生产发展。隋初，国家能掌控的劳动力严重不足，原因是"耕田之夫，率属役于富贵者也"，致"国之户口，少于私家"；而赋役的失均和负担沉重，又使户口难以稳定，所以首要任务是稳定人口，发展农业生产。当时的措施是清查人口（"大索貌阅"）、重新划定户等和赋税输纳标准（"输籍定样"）。

由于政策的放宽，使人口激增，北周静帝（公元573—581年）时有户不到360万，至开皇九年（公元589年）直增至480余万。人口的增多，为农业生产提供了充足劳动力。农民回归土地，"务于农事"，"勤于稼穑"，从而使耕地面积迅速扩大，粮食主产区也由黄河流域扩大到安徽、江苏、山东等地。经济的迅速恢复与发展，使"虽数遭水旱，而户口岁增。诸州调物，每岁河南自潼关，河北至蒲坂，达于京师；相属于路，昼夜不绝者数月"。(2)实行单一农业税制和轻徭薄赋政策。隋自开皇三年（公元583年）后，取消了对工商的征税，国家的财政收入几乎完全仰赖于"正赋"，即对均田中的露田征"租"，对家庭手工业征"调"，对农村劳动力调发役。可见，隋之赋税，主要取自农业和农民，属于单一农业税制。同时，又实行轻徭薄赋政策，既免除了各种名目的田赋附加，使灾歉减免制度化，又对年50岁以上者允许输庸代役。开皇十二年（公元592年），更对河北、河东等地"田租三分减一、兵减半"。可见，经济的发展，丰厚了税源，充实了财政，史称"开皇十七年，户口滋盛，中外仓库，无不盈积"，"计天下储积，得供五六十年"。所以后世有人赞叹说："古今称国计之富者，莫如隋。"

唐代的政治、 经济与赋税概况

隋朝末年，由于隋炀帝"驱天下以从欲"，"徭役无时，干戈不戢"，民无以为生，被迫纷纷起义。李渊父子从隋朝统治集团中分裂出来，乘机夺取政权，建立唐朝。

唐初，一切制度多承袭隋制。唐太宗（公元627—649年在位）进一步强化国家机器，确立治国方针，改革各项制度。在职官制度上，沿袭三省六部制，分掌议政、决政和执政三权；设御史台以掌纠察，弹劾事宜。在地方，改郡县制为州县制；贞观中，又分天下为十道，观风俗；贞观二十一年（公元648年），定全国为十五道，道因此成为行政单位，强化了中央集权，巩固了全国的统一。在官吏任用方面，推行"用人唯贤"的路线，注意慎选官吏。但自玄宗中期以后，由于统治集团骄奢淫逸，政治腐败，军事弛废，先是安禄山叛乱，半个中国遭到破坏；后是藩镇割据，到僖宗（公元874—888年在位）时，人称"国有九破""民有八苦""夫妻不相活，父子不相救"，最后，政权为宣武节度使朱温所夺得，是为后梁。

唐代手工业作坊和集市繁荣景象

在经济上，唐初统治者利用战乱之后掌握大量空荒土地的优势，继续推行均田制度。与此相适应，实施租庸调制，而税赋较隋有所减轻。同时，长期坚持轻税改革，自唐初至开元年间，120年间工商无税。这时，唐朝出现过两次盛世，前有"贞观之治"，后有"开元盛世"。这是唐朝农业、手工业和商业迅速发展的时期，而这个发展是"省徭薄赋，不夺农时，使比屋之人，恣其耕稼"所带来的。此时期唐代的手工业、纺织业特别发达，中国的丝绸远销到西亚各国，陶瓷、造船业、冶铸业也十分发达；对外贸易迅速发展，广州已成为当时最大的对外贸易城市。

安史之乱后，特别是德宗统治时期，唐朝的财政经济重心已转移到南方。南方成为唐中期以后，国家政费的主要供给之地。隋朝开凿的运河，成了沟通南北的运输线。唐末藩镇割据，河道受阻，使唐朝失去了东南财赋的支持，其统治也就难以维持了。

五代十国经济与赋税概况

五代十国时期也是税收史料极为贫乏的时期。这一时期，似无税制可言，统治者对人民极尽剥削和压榨之能事。我们可以从零星的记载中，了解其税制。五代十国时期，我国北方连年战火不熄，社会经济遭受了严重破坏，而南方所受战乱较少，且自安史之乱后，南方的经济在原有的水平上得到了进一步发展。南北对比，当时南方的经济发展超过了北方。

在北方，唐末以来的军阀割据混战愈演愈烈，各地割据势力互争地盘。抢夺政权，就必须保持数量庞大的军队，而兵士的主要来源又是农民，因此五代时大量农民不得不弃田从军，使社会经济遭到了很大破坏。但劳动人民在艰苦的环境下，仍然坚持生产劳动，使残破的经济逐渐恢复

蜀绣

而且有所发展。特别是在后周时，由于统治阶级采取了一些恢复生产的措施，使得北方的经济恢复趋势更进了一步。

在南方，经济恢复和发展的情况更为显著。这主要是由于无论是唐朝的安史之乱，还是五代的军阀混战，主要战场都在北方，南方战争较少，比较安定，又有不少北方人民迁来，增加了劳动力。劳动人民在获得喘息的条件下，努力生产，开发了江南的经济。如在吴和南唐统治区内，经过人民的辛勤劳动，使得"江淮间旷土尽辟，桑柘满野。"

农业的发展，促进了手工业和商业的发展。"吴绫""越绵"与"蜀绣"同是吴、吴越、蜀出名的纺织品。采矿与金属制造手工业也有相当的发展，吴与南唐的宣州盛产铜铁。吴越的秘色瓷器是青瓷中的绝品，胎质色釉都比前代进步，是陶瓷手工业的一大创造。浙江所产"金扣"瓷器，是向外输出的大宗商品。广州、福州、成都、扬州、杭州、洪州、丹阳等城市，不仅是手工业生产的集中地，同时也是商业贸易的重要城市。各城市市场交易都很繁荣，泉州是海上贸易的重要港口，对南洋、西亚的贸易往来频繁，阿拉伯的商人也在泉州出入；广州是几个世纪以来著名的对外贸易港口，自五代时对外贸易就很活跃。

那时，南北两方在政治上虽然是分裂对立的，但在经济上却有着密切联系。例如公元908年，楚国请求后梁允许楚在汴、荆、襄、唐、郢、复六州设交易处，运茶到黄河南北，买回耕牛、战马等物。

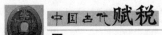

第二节
隋唐赋税

 隋朝均田制与租调制

隋朝的土地制度仍沿用的是北魏孝文帝时期实行的"均田制"。其赋税制度基本是沿用北周的租调和力役。租调制最早实行于曹魏政权，历经西晋、北魏、北周至隋、唐。

均田制是封建国有和私有的双重性质的土地制度，它是在不触动地主土地私有制的前提下，政府把自己手中有权支配的官田及无主荒地，按人丁情况分配给农民耕种。这样一方面可以把农民固定在土地上，便于征收赋税；另一方面使农民多少得到一些土地，生产积极性有了一定提高。同时还由于无主荒地得到开发，扩大了耕田面积，这些都促进了农业的发展。

隋朝的均田制，所授给农民的土地分为露田和永业田两种。自亲王至都督都授给永业田100—30顷不等。京官一品至九品分别给职分田5—1顷。官署给分廨田，以供公用。所授给农民的露田死后要收回，永业田可以传给子孙。一对夫妇（称为一家）授露田120亩（夫80亩，妻40亩）。另丁男授永业田20亩。奴婢授田数量与普通人一样（地主官僚所用的奴婢数按其职位高低，限制在60—300人之间）。耕牛每头授田60亩，但一家最多限4头牛。

在此均田制的基础上，隋朝的赋税制度——"租调制"规定：男女3岁以下称为黄，4—10岁称为小，11—17岁称为中，18—60岁称为丁，60岁以上称为老。丁男一床（一对夫妇）应缴纳的租调是：租粟3石；调，按永业田而别，若是桑田缴纳绢1匹（合4丈，开皇三年减为2丈），丝3两。若是麻田则缴纳布1端（5丈）和麻3斤。没有结婚的单丁和奴婢，则缴纳上述的一半租调。黄、小、中、老均免征租、调。

力役的规定是：隋初沿用北周之法，丁男每年服役一个月，开皇三年（公元583年）成丁年龄从18岁提高为21岁，每年服役20天。到开皇十年（公元590年）改为50岁以上一律免役而收庸（即用布帛代替力役）。至隋炀帝大业元年（公元605年）免除妇人及奴婢、部曲租调。

隋文帝统一全国以后，曾采取了一些轻徭减赋的措施，其中有废除盐税、酒税，平衡税负，减免田赋等。在赋税核定征收上进行改革，其主要内容有：

一是核定户口，户口是租调和力役征收的依据，因此，隋朝政府首先对全国的户口进行严查和落实，防止老百姓逃避租役。在首都及直辖县，以五家为一保，设保长；五保为一闾，设闾长；四闾为一族，设族长。全国其他地方以五保为一里，设里正；五里为一党，设党长。凡户口不如实登记的地方，其里正、党长（闾长、族长）都要受到流放远方的惩罚，堂兄弟以外都要分居，各立户头，以防止隐瞒户口，逃避赋役。并发动人民互相告发隐瞒户口的情况，由政府给予告发者奖励。由于采取上述严查户口的办法，致使隋朝征收赋役的户口大幅度增加。

二是在此落实户口的基础上实行"输籍法"，即将人民所要缴纳的税收，依每家的资财情况定出户等的上下，做出交纳赋税的标准，从轻定额，并写成"定簿"，每年按此标准征税。通过这个办法核清了每户应纳的税额，既可防止人民逃税，又使地方官不能随便舞弊贪污税收。这些措施都在一定程度上促进了生产的发展，增加了国家的赋税收入。因此，曾在隋朝前期出现了仓库丰实、财政富裕的局面。

到隋朝后期，隋炀帝一反过去轻徭薄赋的政策，在原有的租调、力役之外任意增加徭役。隋炀帝为了满足其荒淫、奢侈的生活和政治野心，肆意挥霍国家资财和民力，其在位前后14年时间，四

隋炀帝杨广

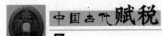
处出游, 前后三次坐船游江都 (时间最长一次竟达 8 个多月) , 两次出长城巡行, 一次北巡榆林, 三次征高丽, 真正居京时间还不足一年。仅第一次出游江都时所用的龙舟等各样船只就达几千艘, 随从人员 (包括护卫兵将、官员、宫女、家眷) 不下万人, 为其牵引游船的拉纤船工就达 9000 多人, 且都要身穿锦彩袍, 连纤绳都是用青丝织成的, 沿途地方要提供食用, 吃不完的东西要全部埋掉, 以示富贵和慷慨。等到秋冬, 运河两岸树叶凋零时, 他所经过的沿河树枝都要用绸锦做成树叶和花朵装饰如春。隋炀帝从弑父、杀兄当上皇帝的第二年 (公元 605 年) 开始就不断征发农民掘长堑、筑西苑、建东都、开运河、修长城、缮离宫等, 极尽奢侈之能事, 每项大工程一年都要征集民工一两百万人之多。后来因男丁不够用, 还征集妇女从事各种力役。

人民除了要承受上述频繁的力役外, 还要负担沉重的兵役。隋炀帝为了向外扩张统治势力的野心, 三次征高丽, 发动大规模的战争, 仅第一次进攻高丽就要河南、淮南、江南的人民制造戎车 5 万辆, 并要送到河北的定县, 以作运输军用物资。征集全国的造船工匠在山东掖县海口赶造战船 300 艘, 工匠被迫昼夜赶工, 因长期浸泡水中, 大多下半身都发生糜烂, 死亡工匠达总人数的 3/10。此外, 还要征集陆军 113 万, 水兵 7 万, 运输军需品民工百余万。隋炀帝三次进攻高丽均告失败, 所造成兵士及运输民工死伤不下百万。仅在第一次进攻高丽时, 由宇文述所带领的一支原有 30.5 万人的部队, 遭到高丽军的重创后, 逃回辽阳城下时, 只剩下 2700 人。

上述这些繁重的力役和兵役使人民到了无法忍受的地步, 人民流离失所, 到处田地荒废, 真是一幕 "遍地哀鸿, 遍地血" 的悲惨景象。连年不断的繁重徭役, 使隋朝后期的农业生产遭到了严重破坏, 社会经济崩溃, 人民纷纷逃避徭役并团结起来反抗朝廷, 终于爆发了隋末农民起义最终导致隋朝的灭亡。

唐朝的租庸调制

由于隋朝后期繁重的赋税和徭役, 再加上隋末的战乱, 使人民纷纷逃亡, 大量的农民成为流民, 出现了 "田畴多荒" 的局面。唐王朝为了巩固统治, 发展封建社会经济, 增加赋税收入, 公元 624 年, 唐高祖下令继续推行 "均田制" 和推行新的 "租庸调制"。

均田制是租庸调推行的前提。唐王朝曾先后多次对原有的均田制进行整顿，并把那些"王役不供，簿籍不挂"的流民和客户固定在国家的均田土地上。检括出客户 80 余万户，安排他们进行农业生产，免除他们 5 年之内的租调，只向这些人征收每丁 1500 文的税钱。

同时，由于庶族地主实行租佃契约，使一些世袭的客户和部曲变成了佃农的身份和均田农民。这样便使国家登记的征税依据的户口大大增加了，"贞观"以后全国的户口逐年增加——从"贞观"前的全国 300 万户，发展到最高的天宝十四年（公元 755 年），全国户数达近 900 万户。这样使以人丁为征税依据的"租庸调制"有了可靠基础。

唐代的均田制规定：凡百姓 18 岁以上的中男和丁男，每人授口分田 80 亩，永业田 20 亩；老男（60 岁以上的男人）和有残疾的授口分田 40 亩，寡妻妾授口分田 30 亩（不为户主的不授永业田），这些人如果为户主的话，每人可授永业田 20 亩，口分田 30 亩。一个家庭中的妇女、部曲、奴隶都不授田。

官僚贵族从亲王至公、侯、伯、子、男爵授永业田从 100—5 顷；职事官员从一品到九品授永业田从 60—2 顷；散官五品以上的授永业田同职事官。勋官从上柱国到云骑尉。武骑尉授永业田 30—60 亩。此外，各级官僚、官府还分别按级别领有多少不变的职分田和公廨田：职分田的地租作为官僚俸禄的补充，公廨田的地租作为官署的办公费用，这两种田的所有权归国家。

官僚贵族的永业田和赐田可以自由买卖，百姓迁移和无力丧葬的，准许出卖永业田；百姓迁移到人少地多的地方的，准许出卖口分田，买地的数量不得超过本人应占田地的法定数额。一般情况下，永业田可以传给子孙，口分田归农民使用，死后由政府收回。

在此前提下，唐朝实行"租庸调制"，因为均田是以丁为依据的，因此赋税的征收也是以丁为依据的。即 18 岁以上中男和丁男，每丁每年向国家交纳粟 2 石，称为租；交纳绢 2 丈、绵 3 两或布 2 丈 5 尺、麻 3 斤，称作调；每丁每年要服徭役 20 天，如不服役，可按每天输绢 3 尺或布 3 尺 7 寸 5 分，这称作庸，也称作"输庸代役"（此外手工业工匠，每年每人也要服役 20 天，也可纳钱代役）。上述三者合称为"租庸调制"。

对边远地区的少数民族的赋税——"租庸调制"给予减半征收，对边远岭南州实行分户等缴纳田赋。

唐代租庸调的征收，原来是由政府把封地上纳税的丁户，拨给食实封户

（也称封家），这些丁户的租调是由封家征收（庸一直是政府自己征收的），后因封家侵吞应归国家那一部分的租调（扣除一部分给封家作为食实封外），封家在对封户征收租调时又百般勒索，有的还拿租调做买卖，放高利贷。鉴于此，唐玄宗开元三年（公元715年）进行改革，改为租调一律由各级地方政府统一征收，然后集中汇解中央政府。至于封家的食实封，都向政府领取，不准封家再自行到封地收索。这是赋税征收管理上一次改革，它改变了过去那种"坐扣赋税"的办法，也防止了贪污赋税，便于政府及时、足额集中使用。

在唐代的租庸调这一赋税制度里，不同于前代的是"输庸代役"，农民可以用绢、布代役，手工业工匠可以用钱代役（这虽始于隋朝，但真正得到全面推行的，则还是在唐朝），它使农民和手工业者能有更多的时间来从事生产劳动。同时，劳动人民的负担相对地比过去有所减轻，在一定程度上改善了劳动人民的处境。因此，租庸调的实行，对当时农业生产的发展和国家财政收入的增加都起了一定的积极作用。

唐朝的"租庸调制"前后共实行了120多年时间，直到新的赋税制度——"两税法"实行后才停止。

唐代"两税法"的产生和推行

唐朝由于对官僚贵族授永业田的数额很高，一个人可高达100顷之多，土地买卖的限制很松，再加上皇帝对贵族官僚、寺院无限地赐田，这些都不利于均田制的推行。这种地主土地所有制实际上破坏了均田制。自武则天以后，均田制的破坏就已经相当严重，农民授田的数额越来越不足，到公元700年农民实际上的占田数额只达到应授田数的20%左右。

在唐代，"天下户口，十亡八九。州县多为潘镇所据，贡赋不入朝延，府库耗竭"。按人丁为征收依据的租庸调制，再也无法维持。为了解决这严重的财政

唐朝的钱币

危机，增加国家的财政收入，唐王朝于唐德宗建中元年（公元780年），由宰相杨炎提出实行新的赋税制度——"两税法"，并规定："今后除两税外，辄率一钱以枉法论"；取消"租庸调"和其他杂税；不分主户、客户，也不分定居或行商一律依

据占有土地和财产的多寡征收一定的地税和户税。分为秋夏两次征收，所以称之为"两税法"。夏税限6月交纳完成，秋税限于11月交纳完成。

唐代的两税征收，是按照每年政府的财政开支预算数额核实全国税收征收总额，依照各县、府的土地和财产的情况分配赋税征课任务，由县、府依赋税任务征收的。

两税法的要点是：（1）按各户资产定分等级，依率征税。首先要确定户籍，不问原来户籍如何，一律按现居地点定籍，取缔主客户共居，防止豪门大户荫庇佃户、食客，制止户口浮动。依据各户资产情况，按户定等，按等定税。办法是：各州县对民户资产（包括田地、动产、不动产）进行估算，然后分别列入各等级（三等九级），厘定各等级的不同税率。地税，以实行两税法的前一年，即大历十四年（公元779年）的垦田数为准，按田亩肥瘠差异情况划分等级，厘定税率征课。其中丁额不废，垦田亩数有定，这是田和丁的征税基数，以后只许增多，不许减少，以稳定赋税收入。（2）征税的原则是"量出制入"。手续简化，统一征收。即先计算出各种支出的总数，然后把它分配出各等田亩和各级人户。各州县之内，各等田亩数和各级人户数都有统计数字，各州县将所需粮食和经费开支总数计算出来，然后分摊到各等田亩和各级人户中，这就叫"量出制入"，统一征收。（3）征课时期，分为夏秋两季，这主要是为了适应农业生产收获的季节性。由于农业的收获季节是夏秋两季，所以在夏秋两季向国家缴纳赋税。（4）两税征课资产，按钱计算。因为要按资产征税，就必须评定各户资产的多少，就必须有一个共同的价值尺度，这就是货币（钱），所以两税的征收，都按钱计算，按钱征收。但是有时将钱改收实物，官府定出粟和帛的等价钱，按钱数折收粟帛。

两税法的实行是由于"均田制"的破坏，土地占有情况越来越不均衡的结果。两税法的推行，使税赋比较均衡，它惟以资产为依据，不以人丁为本，资产少者则其税少，资产多者则其税多。

同时，两税法的实行还扩大了纳税面，大大增加了唐王朝的财政收入。建中元年实行两税法以后，全国全年税收征收数可达13056070贯（不包括盐税等杂税），比没有实行两税法前增加了一倍以上。

两税法的实行是我国赋税史上的一项重要改革，对以后的朝代影响极大，"历代相沿，至明不改"，前后沿用了达一千余年之久。它改变了南北朝以来那种只问丁身，不问资产的赋税制度，采用了舍人税地的办法。在其初行之

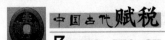
时，对贫富在税收负担上的不均状况有所改变。但两税法却存在着因资产容易隐匿而偷漏税的问题。

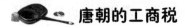

唐朝的工商税

唐朝统一全国以后，在恢复和发展农业生产方面采取了一系列措施，例如实行"以庸代役"，使农民有较多时间从事生产；兴修水利，在唐朝前期130多年时间里，修造各种水利160多次，这些水利工程给农业生产带来了很大好处；通过一些措施抑制贵族权益，改变了过去把课户拨给封家，由封家征收租调（税收）的做法，把租调征收权收归中央政府；限制贵族受田等，这些做法促进了唐朝农业的发展。

在手工业生产方面，官营和民营手工业都得到了长足发展，如当时官营的纺织业、冶铸业、烧瓷业等生产规模和产品技术明显提高，很多城市还出现了不少私营的纺织坊、纸坊、染坊、冶成坑（冶炼）、铜坊（铸造铜器）等。丰富的农业和手工业产品为商业繁荣提供了先决条件。这一时期，不仅出现了以西京长安、东都洛阳等为中心的一大批重要工商业城市，而且建立在水陆交通要冲的农村集市（称为草市或虚市）日益增多，并不断发展为市镇。尤其是"丝绸之路"开通以后，中亚、西亚、南亚一些国家的土特产源源不断地运到中国，换取中国的茶叶、瓷器、丝绸、盐等。在海上，唐朝商船通过印度洋、阿拉伯海至波斯湾沿岸，增进了亚非各国之间的交流、联系，使唐朝时的中国成为亚非各国的经济交流中心。这些都说明，唐朝的商品经济得到了较大发展，为政府征收工商各税创造了条件。但其商品经济的水平还是很低下，自然经济仍然占据经济的主要地位，因此，所征收的工商税收占整个财政收入的比例还是很小的。

1. 盐税

唐朝的盐是由国家专营的，初时主要是集中游民（即隋末动乱时，很多农民流离失所，成为游民）从事盐业生产，称之为亭户，所生产出来的盐由国家统一经营，归盐铁史管理。盐价也由政府规定，每斗盐的价格，在天宝到至德年间只有10文，后提高到每斗最高为370文钱。顺宗时减为每斗250—300文。唐朝政府为保障盐专卖政策，实行严格的盐税管理制度，贞元年间规定盗卖两池盐 1 石以上者，处死；1 斗以上者要杖背，没收其私盐的运输工具（如车、驴等），盐榷的主要官员发生私盐漏税 1 石以上罚课料等。

宝应元年（公元 762 年），刘晏对盐法进行改革，实行盐专卖与征税兼用的制度。允许商人向政府购盐后，运到其他地方销售，但要按盐价值每千钱征收 200 文钱的盐税。由于允许商人交税后，运销盐使当时政府盐税收入大量增加，每年盐的税利收入从初行盐法时的 60 万贯增加到了大历末年的 600 万贯以上。盐税收入增加了 10 倍，约占当时全年财政收入的一半左右。

2. 茶税

唐朝初期茶叶是不征税的，至德宗贞元九年（公元 739 年）才正式开征茶税，规定在出茶州县和茶商运茶要路，委派当地官员进行茶税管理，并把这些茶叶分为三等估价。其征收标准为十分取一，即按 10% 的税率征收茶税。大约年征茶税可达 40 缗（一贯千文为一缗）。茶商向政府纳税购茶运销他地时，所过州、县还要重复征收一道茶税，称之为榻地钱。唐朝政府除了对茶叶征收茶税外，还要另加收每斤 5 文的"剩茶钱"。至长庆元年（公元 812年）唐朝政府又提高茶税征收标准，茶税在原来每值千钱税百钱的基础上又增加 50 钱，即把茶税的税率由 10% 提高到 15%，按茶叶价值，每千钱征收茶税 150 文钱。

唐朝政府实行茶叶专卖，茶商经营茶叶必须要向政府购买，交税后运销，不得直接向茶农购茶。为此，政府在税收管征上采取了严格措施，例如，贩卖私茶计 3 次，每次皆 300 斤以上者，处以死刑。受雇运输茶叶计 3 次皆达500 斤以上者，由所在地商家候保待处理，第四次达千斤以上者，处死刑；长途结伙贩运私茶的，虽数量不多，亦要处死刑；茶叶生产者私卖茶 100 斤以上者，杖背，屡犯三次以上者，加重徭役。

这些严厉的政策规定，有力地保障了当时茶叶税收的征收。

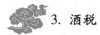

3. 酒税

唐初没有对酒征税，至广德二年（公元 764 年）才开征酒税，规定对全国的酿酒户实行按月收税。开店酿酒销售的，按每斛（1 斛为五斗）征收酒税 300文。由各州县总领酿簿，酿酒户向当地州、县政府申请酿酒领取酿簿（准酿

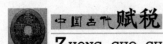
证）。大历六年（公元771年），唐朝政府又规定，将全国的酒户分成三等（根据其酿制的规模），依不同的标准，按月交纳酒税，并允许折成布绢交纳。

德宗建中三年（公元782年），实行榷酒法，全国只许官酿，不准私酿。至贞元二年（公元786年）又改为可以私酿，各地允许开店卖酒，但每斗酒要征150文钱的酒税（亦称为榷酒钱或榷酤税），可免其徭役。元和十二年（公元281年）唐朝政府又规定，全国编户（即登记在册缴纳两税的民户），不论有否酿酒一律要摊配缴纳酒税——榷酤税。这些税随两税入库，从此这些税便成了两税的附加税。全国酒税年征收可达156余万缗。

4. 商税

唐朝的商税，征收的对象为资本和货物，即对资本和运销的货物进行征税，唐朝政府在主要的交通要道和口岸设置关卡，检查来往商人所携带的资金，按资本、每缗（千文）要征收20文钱的商税。对过往的货物，如竹、木、茶、漆等，要按货物的多少，依1/10的比率征一道商税，但均是征收实物。

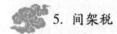
5. 间架税

唐朝的间架税，就是以后各朝代所征收的房产税。"间架税"——作为单独税种提出，是我国历史上最早出现的房产税，从此我国赋税史中又增添了一个新税种。唐朝的"间架税"是以房间的数量征税，不按造价或租金为计税依据，因为当时的房屋结构基本上是木结构的，所以唐朝政府规定二架（即指两扇屋架）为一间，上间（面积较大，质量较好）每年要征收间架税2000文钱，中间每间要征间架税1000文，下间每间要征间架税500文。若隐瞒一间不报税，要杖打60，政府奖给告发的人10000文。

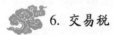
6. 交易税

唐朝政府规定：凡在市场上交易，不分官民，只要有交易就得征收交易税。贸易货物的价值，达到1000文钱就要征收20文的交易税，即按2%税率征税。后提高到每贸易价值1000文，要交税50文，即税率从2%提高到5%征收交易税。征税对象为卖方。若双方是以货易货，则按货物的大约价值征收，交易双方都得纳税。

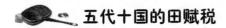 **五代十国的田赋税**

唐代末期，藩镇割据，内乱不息。封建统治集团日趋腐败没落，不断加重对人民的搜刮和掠夺，阶级矛盾日益尖锐。僖宗乾符元年（公元874年），终于爆发了黄巢起义。在唐王朝的残暴镇压下，农民起义失败了。但这次起义也动摇了唐王朝的统治基础，加速了唐王朝的灭亡。继唐而起的是五代十国。五代是指当时先后占据中原地区的五个王朝，即后梁、后唐、后晋、后汉、后周；十国是指在江淮以南据地称王的九个小国，即前蜀、后蜀、吴、南唐、吴越、闽、楚、荆南、南汉，外加在太原一带的北汉。五代十国是唐末藩镇割据的延续和发展，这一时期，是一个大动乱、大分裂的时期，阶级矛盾和民族矛盾都十分尖锐。

五代后梁为朱温所建，朱温建国后，对于唐朝的积弊进行了一些改革，如减轻租赋，奖励农桑，对百官实行俸禄制等。但因战争连年不断，军费支出浩繁，因此，巧立名目的杂税很多，增加了人民的负担。后唐系沙陀族酋长李存勖所建，建都洛阳。后唐在庄宗统治时，重用唐室宦官，并仿效唐朝旧制，分天下财赋为内外府，州县上供入外府，作为军国经费；藩镇贡献入内府供皇帝享用。结果，外府不敷出，而内府财物则堆积如山。庄宗还重用聚敛能手租唐使孔廉，加紧对人民的压榨和剥削，以满足少数人的贪欲。其"峻法以剥下，厚敛以奉上，民产虽竭，军食尚亏，"弄得怨声载道，民不聊生。明宗即位后，为了巩固其统治地位，争取人心，下令斩孔廉，凡是孔廉所立的苛敛法一概废除。而且革除了庄宗的一些弊政，如禁止诸臣贡献珍品玩物；宫中只留少数宫女、宦官和其他侍奉人员，节约了皇室经费开支。但明宗时，各种苛绢杂税仍然不少。后晋是石敬塘在公元936年把燕云十六州割献给契丹后所建立起来的，后晋时，不仅中央朝廷巧立名目，向人民横征暴敛，地方官吏也巧取豪夺。后为太原节度使刘知远所灭，取而代之的是后汉。后汉王朝的统治只有四年，公元591年，郭威灭后汉，建立了后周。后周时期，为了稳定封建统治，缓和阶级矛盾，加强中央集权，周太祖郭威和周世宗柴荣对国内政治、经济进行了一系列改革。这些改革措施，客观上顺应了当时社会发展的要求，具有积极意义。

五代十国的赋税，主要包括田赋、专卖、关市税和各种杂税。

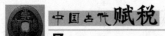
 **1. 田赋**

五代十国的田赋，包括两税和绢帛收入。

（1）两税及其附加。五代十国时期，田赋沿袭中唐旧制，行两税法，分夏秋两次征收。据《册府元龟》记载："梁太祖开平元年，即受唐禅，两税税法咸因唐制。"两税的纳税额，是按照土地的多少和田亩的优劣而制定的，史书记载了江南吴国的田税缴纳额为：上田每顷税钱 2100 文，中田每顷税钱 1800 文，下田每顷税钱 1500 文。两税的起征时间，在后唐明宗时是按照各地季节的早晚规定起征时间。而后周世宗时，则明令规定：夏税自六月一日起征，秋税自十月一日起征，"永为定制"，民间便之。

五代田赋，正税之外有省耗、羡余等。省耗，是当时官府借口补偿粮食征纳过程中的损耗而增添的附加税额，随两税一起缴纳。省耗开始于后梁，规定每输田租一斛加征省耗一斗。后唐明宗天成元年四月，下令罢输。后汉隐帝时，王章为三司使，对百姓横征暴敛，复令人民缴纳省耗，于两税之外，规定每输田税一斛，加征省耗二斗，百姓苦之。省耗的缴纳，一直延续到后周太祖即位，才下令"凡仓场、库务掌纳官吏，无得收斗余、称耗"，省耗得以免除。鼠雀耗始于后唐明宗时，据文献记载："明宗一旦幸仓场观纳时，主者以车驾亲临，惧得罪，较量甚轻。明宗因谓之曰：'较量如此，其后销折将何以偿之？'对曰：'竭尽家产，不足则继之以身命。'明宗怆然曰：'只闻百姓养一家，未闻一家养百姓。今后每石加二斗耗，以备鼠雀侵蠹。谓之鼠雀耗。'自此，鼠雀耗一直延续下去。"省陌，后汉时，三司使王章掌管财政，规定百姓向政府缴纳钱时以 80 文为一陌，官府会出钱时以 77 文为一陌，称为"省陌"。以上各种加耗，多归地方官府，或者落入官吏私囊，残余部分作为羡余上缴中央。除此之外，还有随田赋带征的附加税，主要有农器钱、劲钱、牛皮税和进际税等。农器钱是对农民自制农具课的税。后唐明宗长兴二年（公元 931 年），因官府经营的农具质次价贵，农民不愿使用，改令百姓自铸，官府征收农具税。规定每亩纳农器钱一文五分，随夏秋两税交纳。

曲钱。五代十国时期的酒曲，有时官造，有时许民自造，官府征税，称为曲钱。后唐明宗天成三年（公元 928 年）规定，诸道州府乡村人口，于夏秋田苗上，每亩纳曲钱五文，一任百姓造曲酿酒。曲钱按田亩计征，分夏秋两季征收。两税之外，再按田亩征收曲钱，曲钱成为田赋附加税。

牛皮税。五代时期，由于连年用兵不息，除去需要大量的军费开支以外，还需要大量的军旅装备，其中牛皮是制造衣甲不可缺少的材料之一。五代各朝都严禁人民私自买卖牛皮，农民的耕牛死后，皮及筋骨要全部交给官府，而官府却只付给很少的钱。后唐明宗时，只给农民一点盐，充作牛皮款，后来收了牛皮也不给钱；最后，竟至不管有牛无牛，都要强收牛皮税。后汉时规定，凡私自买卖牛皮一寸者，处以死刑。后周太祖广顺二年（公元 952 年）规定：牛皮税按田亩摊派，凡种庄稼土地，每十顷要交纳连牛角在内的牛皮一张。从此，牛皮税也成了田赋附加税。

进际税。五代十国时，吴越创行进际税。史载钱氏占据两浙时，以进际之名，虚增税额，每四十亩虚增六亩，亩纳绢三尺四寸，米一斗五升二合。桑地十亩，虚增八亩，每亩纳绢四尺八寸二分。

五代时期，除名目繁多的田赋附加税以外，还实行田赋的预征，后唐庄宗同光三年秋发生水灾，两河之民流徙道路，京师赋调不充，同光四年春三月，乃"诏河南府预借今年秋夏租税。时年饥民困，百姓不胜其酷，京畿之民，多号泣于路。"

（2）绢帛之征。五代十国时期，田赋除了交纳两税之外，还有绢帛的征纳。后唐时，高郁佐马殷治湖南，"湖南民不事桑蚕，郁命民输税者皆以帛代钱，末几，民间机杼大盛。"后唐以后的中原各朝，除两税以外，绢帛之征成为正常的田赋。

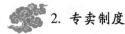

2. 专卖制度

（1）盐税和食盐专卖。五代时期，由于战争不断，各国财力不足，对食盐的限制很严，实行食盐专卖或征税。后梁时，沿袭唐制，实行民制、官收、商运、商销的办法，即就场巢商的制度。后唐时，规定盐民应纳盐税，每产一斗盐，要交纳一斗五升的米作盐税。一般居民按户等征收盐税，户分五等，每户 200—1000 文不等。

（2）铁专卖。五代时期，官府对铁的专卖限制很严，全部由政府实行专卖，严禁人民铸造铁器。直至后唐明宗长兴二年（公元 931 年）十二月，诏开铁禁，许百姓自铸农器、什器。于夏秋田亩之上，每亩输农器钱一钱五分，随夏秋两税送纳。后晋时也曾诏许百姓自铸农具。后汉时，国家财政困难，对铁的禁令更严，规定贩私铁罪者一律处死。直到后周，又重开铁禁。

（3）酒专卖。五代十国时期，对酒有时实行专卖，有时实行征税。后梁时，未执行酒榷，听民自造，官府不加禁止。后唐时禁酒曲，国家实行酒专卖，对私造酒曲五斤以上的人，处以死刑。

 3. 商杂税

五代十国时期，除了对农民征收苛重的赋役之外，对商人也予以重课。当时的商杂税名目繁多，主要包括关税、市税、茶税、商旅通行税、油税、蔬果税、桑税、桥道钱、牛租等。

（1）关税。五代时期，藩镇割据，各地广设关卡，对来往商人课税。据《续通典》记载：后唐明宗天成元年，诏省司及诸州，置税茶场院，自湖南至京，六七处纳税，以致商旅不通。商人为了逃避关税，多由僻路行进。后唐明宗天成元年时，才敕诸州杂税，宜定合税物色名目，不得邀难商旅。可见当时关税苛扰之重。

（2）市税。五代时期，自后梁开始，各地设有场院，专门对商品的买卖征税，所征称为市税。当时市税税法很乱，几乎是逢物必税，影响到人民的生活，也阻碍了各地经济的交流和工商业的发展。后唐明宗时，曾下诏令整顿税法，确定征税商品的名目。五代时期，市税的税率约为2%。

（3）茶税。五代时期，设置茶税场院，对茶叶征税。据《册府元龟》记载："梁末帝龙德初，盐铁转运使敬翔奏请于雍州、河阳、徐州三处重要场院税茶"。当时的税率已无从考据。南方十国中的楚国，以茶税和茶专卖为国家的主要税源。

（4）商旅通行税。五代后汉时，除向商人征收关市税之外，还对商旅征收通行税。

（5）其他杂税。五代时，为了国家财政的需要，在不同时期、不同地区征收多种苛杂。后梁太祖，曾征收过油税："茂贞居岐，……以地狭赋薄，下令榷油"，有人讥笑他"请并禁月明"。

宋辽金时期的赋税制度

宋代的赋税制度，大体上也是沿袭了唐代两税制，但把一切赋税项目都加以归并，成为单一的两税。从宋代的经济制度和经济政策来看，商品经济的广泛深入、产权私有化的程度在市场经济的运行中不断加深，使得宋代各项经济制度和政策的制定与实施也随着产权形态的变化而呈现出新的特点。宋代赋税制度正是在相关的外在内生变量的共同作用下，导致了一系列制度变迁。宋代赋税制度变迁所发挥的激励作用，有利于整个社会经济的进一步发展。

第一节
宋辽金的经济概况

 宋朝的经济与赋税概况

宋朝时，在农业方面，随着南北的统一，南北粮食品种得到了交流。江北的粟、麦、黍、豆等品种推广到江南以至于福建、广东等地；江北则广种水稻。福建种的占城稻这时也传到了长江和淮河流域。这种稻抗旱力强，可以"不择地而生"，成熟也较快，对江浙和淮水流域的农产量增加起了一定作用。从河北到河南，劳动人民普遍地恢复和兴修了不少水利事业。

宋朝的农业有着较大发展，在农业发展的基础上，手工业也发展起来了，各种手工业作坊的规模和内部分工的细致程度都超过了前代。生产技术发展显著，产品种类和数量大为增加，矿冶业在北宋的手工业中占有重要地位。矿冶业的发展，首先表现在开采冶炼规模的扩大以及产量的增加上。河南鹤壁市曾发现北宋晚期的煤矿遗址，竖井矿口的直径约2.5米，井深46米左右。冶金产品的数量也大为增加，以铜为例，宋神宗时岁课铜1400多万斤，依官府征收2/10推算，可知年产铜达7000多万斤。

北宋时期，制瓷业也有了重大发展，真宗景德年间，在江西新平设官窑，所造进贡瓷器的器底书"景德年制"四字，这就是后来驰名中外的景德镇瓷器。雕版印刷术在北宋时有了飞速发展，广泛被用来刻印书籍。而印刷业的发展，又给造纸业开辟了广阔市场，进一步刺激了纸张的生产。北宋的纺织业也较发达，纺织品种繁多，绢有十多种，绫有27种之多。

随着农业和手工业的发展，商业也发达起来。北宋的京城汴京不仅是全国的政治中心，也是一个繁华的商业城市。这里居住人口达 20 多万户，有各种行业。它不像唐代长安城那样有一定的交易市场和营业时间，而是大街小巷白天黑夜都可进行商业活动。汴京以外，成都、兴无也是国内的大城市。广州、明州、杭州、泉州则是对外通商之口岸，宋政府在这些地方设置"市舶司"，管理对外贸易。北宋的丝织品、瓷器、金、铜、铁、锡等从这些地方输出，阿拉伯、伊朗、印度、南洋一带国家则输入香料、药物、犀角、象牙、珠玉等物品。

南宋时期农业水利事业继续发展。潭州的龟塘、越州的鉴湖等处水利事业，过去年久失修或为豪强侵占的，现在也修复了。从五代以来就为劳动人民所经营的圩田，现在大规模地修了起来。涂田、沙田、梯田等也大量开垦，农田面积不断增加。南方种麦已逐渐普遍，长江和淮河流域也开始植棉。

南宋时，土地兼并十分严重，南宋政府占有大量土地（官田），成为最大的地主，它又对跟随赵构南逃的文臣武将大加赏赐，纵容他们兼并土地。江苏溧水县的永丰圩有田 9.5 万亩，赵构先把它赐给韩世忠，又转赠给秦桧，以奖励他订立屈辱和约的"功劳"。大将张俊每年收租米 60 万斛，土地最少也有 60 万亩。而广大农民失去土地，不得不成为大地主的佃户，忍受地主阶级的压迫和剥削。

南宋手工业中如瓷器、造纸业、雕版印刷业、纺织业、造船业，比北宋有了进一步发展。著名的带有碎纹的青瓷——哥窑瓷就是南宋浙江龙泉县烧造的。远销海外的瓷器比过去也增加了。杭州和建州成为印刷业最发达的地区。手工业行业分工很细，这也是南宋手工业的一个特点。

著名的商业都市如杭州，人烟稠密，最多时有 124 万人，这里有买卖日夜不绝的水道码头；有十几所"塌房"，有房屋几千间供商人堆放货物。苏州、建康、鄂州、江陵、成都等地的工商业也很发达。南宋对外贸易的繁盛超过了北宋。南宋政府由于贪图"市舶之利"，想用对外贸易的收入来弥补财政开支，因而很重视对外通商。杭州、泉州、广州都是对外贸易港，尤其是泉州，已成为重要的国际港口。日本、朝鲜、印度、波斯、阿拉伯、东非诸国和地区，都与南宋有商业往来。瓷器、丝织品、漆器和铜器是南宋的主要出口货物。

宋仍沿袭唐两税法，但将两税合为田赋，"宋田赋率每亩在一斗上下"。但是宋田赋全国并无统一法则，"天下之田，有一亩而税钱数十者，有一亩而

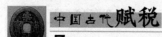
税数钱者；有善田而税轻者，有恶田而税重者。"宋田赋的正额不高，但在实际征收过程中存在各种名目的附加税，诸如支移、折变、加耗等，负担很重。与两税及附加税并存的还有其他各种杂税，如沿纳、新增设的经总制钱、月桩钱等。宋初颁布《商税则例》，规定了应税物的名目和住税 20%、过税 30% 的税率，没有各种货物税钱的名目。此时商税的负担较轻。北宋列入"榷货"的物品范围较之以前有所扩大，除盐、茶、酒外，还有醋、矾和香，并且是在政府直接控制之下由商人经营购销的。盐实行民制、官收、官方经营的制度。宋开始实行钞盐法，商人向政府交钱领取钞盐券，凭券买盐销售。宋盐税是国家的主要财政收入。另外，宋还对出海贸易的商舶及海外诸国来华贸易的商舶征税。

宋朝继续唐实行的契钱。开宝二年（公元 969 年），"始收民印契钱，令民典买田宅，输钱印契，税契限两月"。宋朝还规定凡民间的土地房屋交易都必须使用官府印制的契纸，不买官契纸、不纳契税要倍罚契税。而到南宋时，就加重到将所买卖的财产一半赏给告发者、一半没收入官……由于征收契税的同时还要征收官牙钱，所以又称"牙契钱"。北宋初年契税的税率为 2%，但很快便提高到 4%、6%，到南宋时竟然高达 10% 以上。

自唐朝"两税法"改革后，官府强调土地所负担的税赋必须要随买卖行为而转移，唐宣宗大中四年（公元 850 年）制："青苗两税，本系田土；地既属人，税合随去……自今已后，敕州县切加觉察，如有此色，须议痛惩。"宋朝法律规定："人户典卖田宅，准条具账开析顷亩、田色、间架、元（原）业税租、免役钱数，均平取推，收状入案，当日于簿内对注开收讫，方许印契。"如有违犯，田宅产业"给半还元（原）业人，其价钱不追，余一半入官"。金朝土地买卖无禁，"但令随地输租而已"。元朝开始把买卖土地不过割赋税的行为视为犯罪，处以刑罚，"犯人断五十七下，于买主名下验原买地价钱追缴一半没官，于内一半付告人充赏"。明清律进一步加重处罚："不过割者，一亩至五亩笞四十，每五亩加一等，罪止杖一百，其田入官。"

辽金西夏的经济与赋税概况

契丹族是我国古代的少数民族之一，唐代散居在我国东北的南部和河北热河一带，过着原始游牧生活。后梁末帝贞明二年（公元 916 年），阿保机当了皇帝，国号契丹。太宗德光时攻入山西，公元 936 年又割占燕云十六州，第二年改国号为辽。

辽代设官分南北，北面官治牧区，南面官治农区，因俗而治。辽代时草地上通过插花田的形式开展多种经营，在朝廷属于生财有道，同时也丰富了人民的生活。辽代在渤海湾沿岸制盐，产量高，盐价低，向宋朝走私，一直牵制着宋朝的河北盐政。

辽代的矿冶业发达，据《辽史·食货志》载："坑冶，则自太祖始并室韦，其地产铜、铁、金、银，其中善作铜、铁器。"今天的鞍山铁矿，在辽代就曾开采过。除此之外，"圣宗太平间，于潢河北阴山及辽河之源，各得金、银矿，兴冶采炼。自此以讫天祚，国家皆赖其利。"

辽代的商业也有一定发展，东平郡（辽阳）设南北两个市场，上午在北市交易，下午在南市交易。辽的对外贸易主要与南、西亚各国、朝鲜进行。当时各族人民带着金、帛、布、青鼠、胶鱼之皮、牛羊驼马来辽买卖，络绎不绝。

金政权是女真族的杰出首领完颜阿骨打于公元 1115 年建立的。政权建立后，以破竹之势于公元 1125 年灭辽，公元 1127 年又灭亡了当时腐败不堪的北宋王朝，成为我国北方一个强大的政权，并与当时的南宋政权南北对峙。

在金代统治者中，有一些人很重视农业生产，并且采取了一系列措施发展农业生产，终于使北方农业又得到了恢复和发展。金代农业生产工具制作工艺继承了北宋中叶以来的许多先进技术，并且积极改进和推广，远远超过了辽代水平，当时的农具有铧、镗头、牵引、锄、镰、锹、锄刀等。由于生产工具和生产技术的改进，耕地面积不断扩大，许多荒地又重新得到开垦。金朝对于治河防患工程也很重视。当时北方最大的黄河经常泛滥，于是金政权沿黄河上下修筑了 25 个大

女真族的杰出首领完颜阿骨打

堤，有6个在河南，19个在河北。为了防御黄河水患，曾多次增筑堤岸。金代的农作物种类主要有粟、麦、豆、稻、荞麦、稗等。农作物单位面积产量，大体与北宋时期持平。

金代的手工业也较发达。当时民间冶铁业已相当普遍，除铁冶之外，尚有金、银、铜冶。金代产盐主要在滨海地区，而山东产盐又约占全国的1/4。金代的纺织业也逐渐恢复和发展起来，当时平州产贡绫、河间府产无缝绵、东平府产丝、绵、绫绢，大名府产皱、绢，东京辽阳府产师姑布。

在金朝统治的区域内，由于社会生产的恢复与发展，商业也相应地发展和活跃了起来。当时在各大城市和要冲地方都置市。而河北、河东、山东、南京诸路是盐铁桑麻和各种丝织品出产最为丰富的地区，商业尤为繁盛。

西夏是我国西部羌族中的一支党项族建立的国家，原在青海和四川西北部。8、9世纪时，由于反抗吐蕃贵族的统治，移居到甘肃、宁夏边境和陕西北部一带。11世纪上半期，在其首领元昊的领导下，建立了国家，国号"大夏"。

西夏的农业状况是"其地饶五谷，尤宜稻麦。甘、凉之间，则以诸河为溉，兴、灵则有古渠曰唐来，曰汉源，皆支引黄河。故灌溉之利，岁无旱涝之虞。"西夏的手工业发展水平较高，兵士作战用的甲胄系冷锻而成，坚滑光莹，一般的弩都射不穿。

第二节
宋辽金的田赋税

 两宋的田赋和徭役

宋朝的田赋和徭役，多因袭唐末五代旧制。宋朝的田赋也实行两税法，但与唐杨炎所倡行的两税法已有很大区别；宋朝的徭役也与唐人的"庸"迥然不同，宋代确立了"不设田制、不抑兼并"的佃耕制。佃耕制亦称租佃制，虽然表面上是一种没有农田制度的制度，但实质上却是农田制度的另一种存在形式。由于庶族地主增加，农民与地主只是租佃经济关系，依附关系被削弱。部曲一类的农奴已不复存在，结束了已实行近 10 个世纪的使用农奴的历史。但是必须要说明的是：使役家奴的奴婢制度一直持续到了清末，但不用来务农，主要用于侍奉、歌舞、扈从以及家庭杂务。

 **1. 田制**

宋代实行不设田制（或田制不立）和不抑兼并的政策，表明土地基本上是进入市场流转，适应了商品经济发展的趋势，减少了当时政府对土地的政治干预，客观上有一定的积极意义。

宋代人认为本朝"田制不立"，这正反映了宋代所实行的土地制度不同于前代的授田制，而是实行一种私有程度比较高的地主和自耕农的土地所有制。《韩魏公集》中载，韩琦言："且乡村上三等并坊郭有物业户，乃从来兼并之家也。"

宋代的土地交易主要有三种形式：

（1）绝卖。土地和房屋是宋代不动产买卖的主要对象，在土地交易中，凡称"永卖"、"绝卖"、"断卖"的，是将土地的所有权绝对让渡给买主。

（2）典当。只转让使用权、收益权而保留土地的所有权和回赎权的"典卖"，称之为"活卖"。

（3）倚当。"倚当"是一种以土地收益为清偿债务的方法。当债务人无力还债且别无抵当时，可以与债主约定：把土地交债主耕作，以土地相应年限的收成来偿还本息，偿清后收回。倚当制度是以土地最终归还为前提的。田底权和田面权的相对独立流动性对于加速土地流转的意义最为重大。自宋代以来，土地转移的频率日高，故辛弃疾有"千年田换八百主"之说。

 **2. 户籍管理**

宋朝的户籍包括主户、客户两大类，主户中包括官户、形势户及普通有田而纳赋供役之税户。官户系指有品级的文武官员，形势户系指豪族势家。官户与形势户有大量土地，但有免赋、免役特权，他们别立户籍，不与民同。

税户系指中小地主和自耕农、半自耕农。客户即不占有土地的佃户,亦称佃客。主户又按资产高下分为五等或九等,以等定役。

宋朝建国之初即有户籍管理制度。州县有版籍,载户口、人丁及财产等数,由官府存留。景元年,曾令州县造丁户籍,元丰元年重申造村坊廓丁户等簿籍,户有户帖、户抄,各户储存,户口变动,依式申报。这些簿籍是征收赋税的依据,所以官府较为重视;但百姓为逃避赋役,往往藏匿人口,或生子不报,富民尤甚,所以版籍、户帖之类等于虚设,终宋之世也未有准确的户口统计数字。

3. 地籍整理

因为宋代以私田为主,开始时地籍管理不善,以致豪强兼并土地,匿藏丁口,逃避赋税,赋役不均,赋入减损。据《宋史》载:"地之垦者十才二三,税之人者又十无五六。"为了改善赋役不均的状况,增加国家的财政收入,必须清隐田,括田土,进行地籍整理。整理地籍是宋代的特征,主要方法有如下几种。

(1)方田均税法。此法始行于仁宗景祐年间(公元 1034—1038 年)。方田均税法的首创为北宋大理丞郭咨,最早称"千步方田法"。景祐年间,郭咨和孙琳丈量肥乡县的土地,"除无地之租者四百家,正无租之地者百家"。发现有 80 万的逃赋,随后郭咨在蔡州又清查出 26930 多顷的漏税田亩。郭咨将清查田亩的方法步骤等归纳了 40 条。并收逋赋 80 万,流民乃还,公私获利。后来欧阳修奏于朝廷,并先后试行于蔡州和陕西、河北,但因遭到富户豪强的反对而被迫中止。

神宗时,患田赋不均,于熙宁五年(1072年)重修订方田法,自京东开始推行,即在丈量土地的基础上实行均税之法。

在推行方田均税法的过程中,官吏舞弊,丈量不确等弊端在所难免,但还是有一定成绩的。到元丰八年(公元 1085 年),共量土地 2484349 顷,占当时耕地面积 4616556 顷的

宋神宗

54%。这对限制官豪兼并土地、偷漏赋税有一定作用，也有利于增加赋税收入。但是，这项措施触犯了地主豪富的利益，所以方田法实行之初就遭到他们的反对和阻挠，因而时行时止，至宣和二年（公元1120年）停止。

（2）手实法。手实，亦作"首实""自占"，即令民户自报田亩数，据以征收赋税。其制源于唐元镇之"自通顷亩"。仁宗时，周湛领江南西路转运使，因册籍丢失、混乱，百姓诉讼无所凭，于是令民自报，此即手实之前身，后来苏颂也曾在江宁许民自占。至吕惠卿时，又有所发展，陈报内容不仅包括土地，还遍及鸡豚，实际扩大为财产陈报。这种方法扰民而不易行，但就令民自报这一点而言，尚有可取之处。南宋理宗时又有人倡议行手实法，因宰相谢方叔阻挠而止。

（3）经界法。经界法行于南宋绍兴十二年（公元1142年），为两浙转运副使李椿年所倡行。当时正值兵火之后，文籍散失，户口租税无可依凭，豪民猾吏趁机狼狈为奸，兼并土地，隐匿赋税，或以有为无，或以强吞弱，有田者未必有税，有税者未必有田，贫苦百姓日益困穷。鉴于这种情况，李椿年上言，推行经界之法，获准实行。其法大略是：凡有田之家，皆自画图标出田之形状、地色、四至，造成砧基簿（土地清册），田主在上画押，由邻居作保，按图核实清丈。如有隐匿，许人陈告给赏。然后以此为准，正其经界，按田征税，使产有常籍，田有定税。经界法将丈量土地与自己陈报融为一体，同时并行，互相补充，是当时行之有效的一种方法。但由于许人陈告给赏，也一度造成混乱。

此外，南宋理宗景定五年（公元1264年）曾实行经界推排法，初行于平江、绍兴及湖南路，后推广到各路，是经界法的继续和发展。其制为："以县统都，以都统保，造任财富公平者，订田亩税色，载之图册，使民有定产，产有定税，税有定籍。"

 ### 4. 赋税征收册籍

宋朝田赋征收册籍已渐完备。至道元年（公元995年）颁行两税版籍和税籍样式于天下，令按要求填制。两税版籍加盖印记之后长久保存于征税清册，内载人口、地、财产等项内容；税籍是依据两税版籍所造当年赋税征收清册，由通判主管，记载户数、夏税、秋苗等项内容，送州核定，用州印。税籍有夏税籍，正月登造；有秋税籍，四月一日登造。夏秋税籍必须要在45

天内登造完毕。

此外尚有空行簿一年一造，以备年中催课，闰年另置，实行簿登记流移逃亡，增加减少之户，以备考查。又有按土地形状依次排列绘制成图的鱼鳞册，还有户产簿、丁口簿等。这些册籍是宋朝征收田赋的依据。

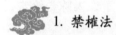

两宋的盐专卖与盐税

宋代盐政，一般由国家掌管，由官公卖于商，而令通商与州郡。盐之种类，依制造方法大致可分为颗盐和末盐（或散盐）两大类，前者由盐池产制，后者出于海及井并煮碱而成。宋代盐的经营方式，一般是国家控制盐的生产或批发环节，而零售环节采取或抑配、或由官卖、或由商卖的办法，但往往根据时间、地点的不同而有所不同。

宋朝盐课是国家的主要财政收入之一。据《宋史》记载，北宋至道三年（公元997年）得颗盐收入为72.8万余贯，末盐收入为163.3万余贯，皇祐三年（1051年）盐课收入为221万贯；南宋孝宗乾道六年（公元1170年）户部侍郎叶衡奏："今日财赋，鬻海之利居其半。"由于盐课收入在国家财政收入中占有重要地位，所以盐法也屡有变革。

宋代盐法主要有禁榷法和通商法两类。

1. 禁榷法

禁榷法是指由官府对食盐的生产、运输和销售进行全面的垄断管理，即民制、官收、官运、官销。把全国产盐地分为若干个区，各盐场的盐统由官府机构收购，然后以高出收购价七八倍的价格卖给民户。禁榷法包括官卖、计口授盐、计税敷盐（两税盐钱）、计产敷盐和常平盐等内容。

（1）官卖。宋初实行盐官卖之法，即官府制盐，运到指定地点设务（店）售卖。此种盐法需兵民运盐，兵民不胜其苦，每年因运盐之役而死者数以万计，而官吏又常舞弊，杂以硝碱杂质，质次价高，所得盐利不足以佐政府之急，所以时行时止。

（2）计口授盐。即将盐俵散于民，按期征钱。通常按丁俵散，所以又叫"丁蚕盐"。

（3）计税敷盐。即按两税税额，散盐于民，盐课随两税征收，又称两税盐钱。有时也按秋税税额散盐，秋税又叫"秋苗"，因而又称苗盐。

（4）计产敷盐。即按田产平均给盐征税，亦称户盐。

（5）常平盐。在范祥实行盐钞法之时，盐价时高时低，于是由官府运盐到京师，京师置盐务（都盐院），京师盐价每斤低于 35 文时，敛而不售，以涨盐价；当盐价每斤高于 40 文时，则大量抛售，以平盐价。此法是对刘晏盐法的继承和发展，因其类似常平仓，故称"常平盐"。

上述禁榷之法，为盐法在两宋时繁复百变的典型表现，而其中丁蚕盐、两税盐钱、户盐之按丁、按两税税额、按田产计，具有明显的田赋附加税性质。后来官府只征钱，不给盐，即变成了真正的田赋附加。

 2. 通商法

通商法是由国家将食盐卖与商人，允许商人在一定的范围或区域内自由运销。或政府只收盐税，令民与商人自由贸易。通商法在不同的时期和地区又有不同的形式，具体包括入中法（折中法）、钱盐法、盐钞法、引课法等。

（1）入中、折中法。入中法创始于宋初，"（李）防请令商人入钱启京师，或输刍粮西北边，而给以盐，则公私皆利，后采用之"。此后太宗雍熙年间（公元 984—987 年），因辽兵数犯河北，沿边州郡军需不足，边境用兵缺粮，令河东、河北的商人运粮草到边境缺粮地区，叫作"入中"。官府按照所运粮草的数额和道路的远近发给凭证，这种凭证叫"交引"。商人凭"交引"到京师或东南盐场或解州、安邑盐池领盐贩运。

可见，入中、折中法，就是让商人运国家所需物资到指定地点，官府按商人所运物资的数额和道路远近，折合比时价更高的价值，填入票券发给商人。商人持票券到京师，或领取现钱，或由官府发文江淮及解池、荆湖等地，领盐运销，以作为补偿。到端拱二年（公元989年），政府又将此法运用于京师，在京师设置折中仓，令商人运粟米到京师，官府以江淮盐付给商人。折

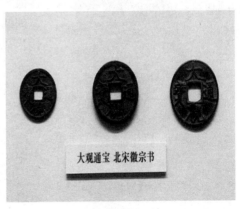

宋代铜钱

中法的实行，不仅满足了边境军需粮草，充实了国库，而且还能避免运输的劳役之苦，商人也能从中得到盐利，一举而数得。

（2）钱盐法。真宗末年（公元1022年），为解决京师铜钱不足问题，招募商人入钱京师，然后到指定盐场领盐，按指定区域运贩，不得越界。

（3）盐钞法。折中法实行了一段时间后，弊病丛生，"猾商贪吏，表里为奸，至人橡木二，估钱千，给盐一大席，为盐二百二十斤。虚费池盐，不可胜计，盐直益贱，贩者不行，公私无利"。到庆历八年（公元1048年），主管解池盐务的太常博士范祥改革盐法，实行民产、官收、商运、商销的钞盐法，商人由缴纳实物改为交钱买钞，凭钞到产地领盐运销。

盐钞法不仅免除了兵民运输之劳，而且因其纳钱买钞、即池领盐，避免了商人与官吏勾结、虚估过大而使国家财政收入受损。此法以产盐的多寡来定售钞的数量，使盐有定产，钞有定额，以免入中（折中）法虚估、浮发之弊，盐也没有囤积居奇或壅塞不通之弊，公私称便。同时，商人不能侥幸取利，边郡之民也可免食贵盐；国家用钱按市价买军需粮草，免去了国家对边塞的军用支出。

蔡京

蔡京当权时，又把发行盐钞作为获得财政收入的一种手段，盐钞钱也不再仅限于满足军事或储备的需要，以致宫廷支出大半取于盐利收入。崇宁元年（公元1102年），大力推行钞盐制于东南海盐区，鼓励商人贩盐，并允许商人用私船运盐，在钞值日低的情况下，实行换钞。没过多久，又创贴纳、对带、循环之法。贴纳即贴输现钱，"陕西旧钞易东南末盐，每百缗用现钱三分，旧钞七分"；对带即带行旧钞，"商旅赴榷货务换请东南盐钞。贴输见缗四分者在旧三分之上，五分者在四分之上。且带行旧钞，输四分者带五分，输五分者带六分；若不愿贴输钱者，依旧钞减价二分"；"循环者，已卖钞，未受盐，复更钞；已更钞，盐未给，复贴输钱，凡三输钱，始获一直之货"。对带、循环之法使许多人朝为豪商夕为乞丐，甚至被迫投河、上吊自尽。此时，盐钞法完全变成了一种掠夺的工具。

蔡京的盐法变革虽取得了可观收入，但实为盐钞法百弊丛生的具体表现。

（4）引课法。蔡京于政和三年（公元 1113 年）奏行引法，分盐引为长引、短引，长引销外路，短引销本路，严格批缴手续，限定运销数量和价格，编定引目号簿，每引一号，商人纳钱买引，凭引支盐运销。盐商买引之后，自己备办运输工具，贩卖于指定区域。为增加盐课收入，官吏以盐引销售多寡定秩品。官吏为了多售盐引，强令百姓购买，百姓不胜其扰。此法是后世盐引法之滥觞。南宋时期，国用不足，盐税更成为国所仰赖之重要收入。绍兴二年（公元 1132 年）九月，赵开在四川变盐法，其法的基本精神是征收盐的附加税。将成都、潼川、利州路的私井全部实行禁榷，置合同场司验视、称量、发放，令商人赴合同场买引，官府收引税钱。

（5）自由通商法。自由通商法是指国家仅向生产者征收盐税，生产者可以直接和商人自由贸易；商人向国家缴纳税款后，可按规定在一定区域内运销。如对海盐的运销灾区和河北盐多实行自由通商法。

（6）丁盐钱和身丁钱。这实际上是一种以课盐税为名目的人头税。另外，还有以田亩数多少确定征收盐税额的，像南宋时庐陵有"输苗一斛者，并盐为一斛三斗五升"。有计产输钱物者，如"（福建）濒海诸郡计产输钱，官给之盐以供食，其后遂为常赋，而民不复请盐矣"。凡此种种，都是统治者在利用食盐的供给向人民进行掠夺。

 ## 宋代的酒醋专卖与征税

 ### 1. 酒的专卖与征税

宋代实行榷酤法，对酒实行专卖，其中又分为曲专卖和酒专卖。据《宋史》记载，宋代酒法因地而异：在各个州的城内，采用置务官酿的办法，不征税收；在县镇乡间，准许民酿、民销，但要征酒税，民造自用过剩的，经过官府允许可以贩卖；而在东京开封府、西京河南府、南京应天府，则实行曲专卖，官自造曲，民买曲酿酒。北宋仁宗天圣年间（公元 1023—1032 年），北京大名府也按三京法售曲。同时规定官售酒曲也划分疆界，防止相互侵越，

违犯者依法处置。但由于管理不善，不但国家得不到收入，酒的质量也很差。

南宋酒政的败坏始于赵开变革酒法。建炎三年（公元1129年）赵开总领四川财赋，变更酒法，从成都开始罢除官府出资酿酒酤卖之法，而在原来扑买坊场置隔酿，设官主持，民以米入官自酿，每户纳钱30文，头子钱22文，两项合计52钱。酿造酒后归人民自由买卖。这称为隔槽法。次年即普行于四川路，共置官槽400所，私店不在其中。南宋对酒的生产实行扑买，又称扑买坊场酒利：在乡村分地招民承包，任民增钱夺买。扑买法的弊害已经很大，而添酒钱更甚于此。酒由政府专卖，财政告急时就随时增酒价，这叫添酒钱。添酒钱创于建炎四年（公元1130年），以米曲价高，诏令上等升增20文，下等升增18文。开始时，酒尚有定价，且每次增价均须向上请示。后来，郡县即可各自决定增减，以致民负日重。

由于经济的发展，酒的销路逐渐扩大，官办的造酒务在各地兴建起来。据《文献通考》记载：神宗熙宁十年（公元1077年）以前，宋代在全国260多个城市（包括府、州军、监）的辖区中，设有榷酒务1800多个。其中东京每年榷酒收入在40万贯以上，开封府、秦州、杭州在30万贯以上，这一年的全部酒课约在1360万贯以上，比同年的商税额还多，而曲钱尚未计算在内。可见，曲酒专卖在北宋财政收入中占有比较重要的地位。南宋酒收入也相当可观，如孝宗乾道二年（公元1166年）岁收本钱149万，息钱160万，曲钱2万，羡余献以内藏者又20万，其后增为50万，成为南宋财政的一项大宗收入。

宋代饮酒成风，粮食浪费很大，对此，北宋曾进行限制，如乾兴初（公元1022年）诏令乡村不得增置酒场；开设的酒场以三年为期，不得增课以售。对于私酿和私售酒者，给以严厉打击。

2. 醋的专卖与征税

宋代初期，对醋不禁榷，宋真宗后实行官府卖糟、民置坊卖醋的办法。仁宗时，官自酿醋沽卖的办法首先在陕西实行，各地自发仿照实行，榷醋息成了重要收入之一。大观年间，对榷醋方法做了规定，设专门官员管理，并划定卖醋区域，卖者不得越界，卖醋收入全部归转运司。宣和七年（公元1125年）又规定："诸路鬻醋息，率十五为公使，余如钞铐法，令提刑司季具储备之数，毋得移用。"对榷醋的管理越来越严格。

辽国的赋税

辽国在得到燕云十六州以前，以畜牧渔猎为主，以剥夺奴隶的剩余劳动为财政源泉，因而没有完备的赋税制度。自得燕云十六州以后，农业、手工业和商业都有了发展，这时，赋税制度逐渐建立了起来。

1. 辽国的田制与户籍

辽国的田制较简单，大致分为三类：

（1）公田。辽西北沿边境各地设置屯田，战时打仗，平时放牧、垦田，积谷以供应军饷。在屯民户，力耕公田，不输赋税。

（2）在官闲田。即国家的无主荒田和公田，统和十五年（公元997年）募民耕滦河旷地，十年后征租。

（3）私田。辽国的私田包括契丹贵族俘掠奴隶设置的投下州军占有的土地、被掠奴隶放为平民者所占有的土地、原汉地民户占有的土地，皆为私田。

辽国户口按民族划分，有契丹、汉人之分，按经济地位划分有奴隶主贵族、平民和奴隶之分，按缴纳赋税的状况划分有：在屯户、二税户、丝蚕户、一般的税户。二税户又有投下二税户、寺院二税户之分。

辽国统治者为聚敛赋税、均平徭役，曾多次检括土地和户口。如《兴宗继位诏》载："力办者广务耕耘，罕闻输纳；家食者全亏种植，多至流亡。宜通检括，普遂均平。"兴宗重熙八年（公元1039年），萧孝穆（辽朝中期重臣）又请籍天下户口，以均平徭役；道宗时，也曾多次检括户口。但由于经济剥削过重，民户多隐匿逃亡，检括户口成绩不佳。

2. 辽国的田赋和徭役

辽国有三种田制，同时有三种赋役制度。公田在屯之民，出兵役，不纳赋税，所产之粟，悉输官以给军饷，民户相当于官府农奴。在屯之民虽不纳税，但"每当农时，一夫为侦候，一夫治公田，二夫给官之役，大率四丁无一室处。刍牧之事，仰给妻，一遭寇掠，贫穷立至"。四丁中有二丁出役，由此可见其徭役负担是很重的。在官闲田之民，则计亩租，以赋公上，税率不

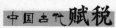
详。招募耕垦滦河旷地的农户，尚可免十年租赋。私田的赋税情况，各不相同。投下二税户，纳课于官，输租于主；寺院二税户其赋税一半输官，一半输寺。汉人占有的土地则按亩出粟，但私田常被侵扰。后来，山前后未纳税户的契丹民户，迁于密云、燕乐两县，亦占田置业纳税。此外，在宜桑麻之地，聚集民户种桑麻。此类民户称丝蚕户，仅供应丝蚕，而无田租。

辽国后期，徭役苛重。圣宗时，户部副使王嘉令渤海居民造大船，将粟米运往燕地，水路艰险，多致覆没，激起渤海居民的反抗。天祚帝时，曾下令汉人富民，凡家资在 300 贯以上者出军士一人，自备器甲，限 20 日会齐，扰民滋甚。同时，辽国赋役不均的状况十分严重。士庶有等差，富人也可贿赂契丹贵族以逃避赋役，致使赋役几乎全由贫民负担。

金国的赋税

 ### 1. 金国的户籍和田制

户籍和田制是金朝征收赋税的基础。金朝户籍制度规定，将民户分为正户与杂户。正户是女真人，杂户包括汉人、契丹人、渤海人。正户服兵役，但赋税负担较轻，杂户则负担繁重的赋税与徭役。

金朝田制包括官田、私田两类。官田来自两个方面：其一，女真初入中原，军队大肆掠房，百姓流亡，耕地夷为旷土，成为官田；其二，女真人移入中原之初，即将大量民田括为官田，此后又不断拘刷土地，使官田数量不断膨胀。贞祐五年（公元 1217 年）河南租地计有 24 万顷，南京路官田民耕者 9.9 万余顷。私田是指汉人占有的耕地，金朝将私田分为九等，分等纳税。

金朝对女真居民实行授田制度，授田的多少，以占有牧畜和奴隶的多少为依据。凡占有耕牛一犋（一犋套三头牛耕田）、民口（包括奴隶与女真平民）25 口者，受田 4 顷 4 亩；占田不得超过 40 犋，即耕地 160 余顷、民口1000，耕牛 120 头。对女真奴隶主授给肥田沃土，而贫苦平民则拨给瘠田薄土。实际上女真奴隶主并不受授田限制，他们通过各种途径，如豪夺民田，多占官田，冒占官田，以兼并大量土地。由于官田被贵族侵占和大片土地被兼并，使国家赋税收入急剧减少。在这种情况下，金朝统治者多次实行括田和通检推排制度，以清查土地核实财产，增加赋税收入。

括田，亦名刷田，是指国家派遣官吏到地方查实贵族地主冒占官田的一种措施。大定十九年（公元1179年）世宗派括地官张九思到各地拘括被占去的官田；两年后又令拘括豪家占夺的官田。括田的本意是拘括豪家占夺的官田，但括地官往往将一般地主、百姓占有的私田尽括为官，结果括田虽然使朝廷增加了土地，但极其扰民。

通检推排，是指国家派遣官吏去全国依次清查土地、核实财产的措施，亦作"通检""推排"。目的是通过通检推排，判明贫富，以均派物、力、钱和科差。大定四年（公元1164年）十月，世宗首次派泰宁军节度使张弘信等24人分路通检诸路物力，以定赋役。以后，又多次采行通检推排。通检推排有利于增加政府控制的户口、平均赋税。但在实行过程中，诸使往往以苛酷多取物力钱为功，妄加百姓产业数倍，甚至不准百姓申诉，如有申诉，即严刑拷打，赋役不均的矛盾仍未解决。

 2. 金朝的田赋与徭役

（1）金朝田赋，公田输租，私田输税。金朝规定：私田按土质分九等，按等输税。平均起来，夏税亩取三合，秋税亩取5升，又纳秸一束，每束15斤。夏税以六月至八月为缴纳日期，秋税以十月至十二月为缴纳日期。每期分三限，即初、中、末三限。州300里外缓一个月期限。输税距离远者，有减免的照顾。距离300里外，每石减5升，以后每超过300里，每石递减5升。

女真猛安、谋克（金代女真族的军事和社会组织单位，300户为谋克，10谋克为猛安）纳牛犋税。牛犋税始征于太宗天会三年（公元1125年），当时"太宗以岁稔，官无储积无以备饥馑，诏令一耒粟一石，每谋克别为一廪贮之。四年，诏内地诸路，每牛一犋，赋粟五斗，为定制"。汉人赋税负担按规定比女真人要沉重得多，而实际执行时比制度又有加重，这是因为：第一，田赋制度虽然规定按田地九等，分等定税，实际征收时，并无等次之分，均按上等征税。第二，田赋浮收十分严重。贞祐三年（公元1215年）刘炳曾论及此事，他说："今众庶已弊，官吏庸暗，无安利之才，贪暴昏乱，与奸为市。公有斗粟之赋，私有万钱之求，远近嚣嚣，无所控告。"第三，抑配之弊严重。百姓因赋役繁重，不免逃亡，而逃亡户的赋税均摊派给了未逃亡之户，致使未逃之户赋增数倍。此外，尚有女真人强占汉人土地，仍令汉人输税等等弊端。这都是人民难以承受的负担。

（2）金朝徭役有兵役与夫役两种。金朝兵役初由女真人承担，后来汉人、契丹人也承担兵役。兵役十分繁重，不少人久戍在外，甚至有十年不归者，还要自备衣服等物。夫役是指临时征调的民夫徭役，如治黄河、营建宫室、修筑城墙、运输官物、围场打猎等，都征调民夫服役。由于官府频繁役使，人民不堪其苦，往往全家外逃，或者出家为僧道，以避重役。至于有官职的品官之家，则享受免役特权，按物力出钱而不服役。那些纳粟补官而官阶不够荫其子孙的进纳官、各司吏人、译使、系籍学生、医学生等，也享有免一身之役的优待。

第八章

元代的赋税制度

　　元政权占据中原的时间先后不同，各地原来的法制也有差异，形成元朝田赋法的不统一。南北税制不同，税赋不一，素有"南重于粮，北重于役"之说。北方仿行唐租庸调法，江南仿唐两税法。

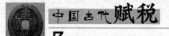

第一节
元代的经济与赋税概况

元朝是由蒙古族建立的统一的封建王朝，公元 1206 年，铁木真统一漠北高原诸部落，建立蒙古国，尊称成吉思汗。公元 1234 年，蒙古灭金。公元 1271 年，忽必烈正式定国号为"大元"，改中都为大都，并正式定为元朝京城。公元 1279 年，元灭南宋，统一中国，结束了长期以来辽、金、宋、大理、吐蕃、西夏等诸国并立的局面。公元 1368 年，朱元璋建立明政权，元顺帝北逃，元在中原的统治结束。

元代的政治经济与赋税概况

蒙古族在建立元朝、统一中国前，其社会发展处于奴隶制阶段，在大规模的征服活动和统一进程中，特别是在中原地区先进的生产力和政治制度的影响下，逐步向封建制过渡，但也保留了许多蒙古族的特点。因此，元代的整个政治经济制度，都带有浓厚的从奴隶制到封建制的混杂或过渡的特征。

元统一全国后，农业生产受到重视。忽必烈时（公元 1260—1294 年），逐渐放弃了原有的游牧生产方式，采取了以"农桑为急务"的农业政策，严禁将农田改为牧地；禁止杀掠，多次颁布放奴为民的诏令；鼓励垦辟荒田，提倡兴修水利，推广农业生产技术，颁发《农桑辑要》，以恢复遭到破坏的农业生产。由于政府重视和劳动人民的辛勤劳动，北方长期遭到战乱破坏的农业生产逐渐得以恢复，南方和边疆的农业生产也在原来的基础上有了新的发展。值得一提的是，棉花的种植在元代得以在全国推广，大大丰富了人民的经济生活。

元代手工业在宋代的基础上有一定的发展。元代手工业高度集中，手工工匠有匠籍制度束缚而处于半奴隶状态。蒙古族在战争中掳掠了大批工匠，建立起庞大的官营手工业，有矿冶、制盐、纺织、采煤、酿酒和军器制造等行业，而且规模都很大，在技术上也有一定提高。除此之外，民间手工业也有了很大发展。元朝开始推广棉花种植业，新兴的棉纺织物普遍受到社会重视，松江人黄道婆把从黎族那里学到的先进棉纺技术在家乡加以推广，促进了民间纺织业的进步。传统的丝织业也有所发展，西域的工匠进入中原，带来了西欧和中亚的织造新技术，所织的丝绸华丽夺目。另外，元代的印刷业、矿冶业、瓷器业、酿酒业和火炮制造业等都采用了新的生产技术。

元朝统治者非常重视交通运输，并在全国范围内建立了四通八达的交通网络。元代很早就设有驿站制度，统一全国后，更加完善了这种交通制度，建立了东北到黑龙江、西南到云南、南到湖广、北到蒙古、西到葱岭（今在阿富汗境内）的驿运交通网络。驿道上每站建有驿馆或帐幕，随时供应食宿，方便公私商旅。水路交通方面，元世祖重整河运，贯通从杭州直达大都的大运河，把过去经由河南地区的航路改由山东直达京城。同时兴办海运，使船舶可从东南沿海出发十天左右直抵大都。

元代的商业发展迅速，在全国范围内普遍使用纸币；受西域人和宋代商品经济发展的影响，商业活动表现为各种经济形态同时并存，既有奴隶买卖，又经营高利贷，更利用富商大贾参与政治生活，并重视国际交通与贸易。当时的大都、杭州、扬州、泉州都是著名的商业大都市。在各地经营商业和放高利贷者，大多是回族商人，他们持有皇家颁发的制书和驿站的驿券，通行无阻，不服差役，不纳商税，不受地方关卡限制，是享有特权的商人。此外，蒙古贵族、寺院僧侣、官僚地主，大多经商开设店铺。

元朝政府重视海外贸易，泉州、广州、上海、温州、杭州、开封等大海港和商埠当时都闻名中外，政府在泉州、杭州等地设市舶转运司负责管理海外贸易。官府还自备大

元代青花瓷是海外贸易用瓷

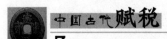

船携带巨款，直接由官府组织大批贸易船舶出国经商。当时海外贸易的范围，东到高丽、日本；南到印度和南太平洋诸国；西达中亚、波斯、俄罗斯以及阿拉伯各国、地中海东部，直到非洲东海岸。总之，全国的统一，农业和手工业的恢复与发展，交通的发达，纸币的发行，再加上政府对商业的重视，都直接促进了元代国内商业和对外贸易的发展，带来了元代商业的日益繁荣。

元代的种族制度与中央集权政治

元代在沿袭辽、金和南宋旧制的基础上，保存了经过改革后的某些蒙古旧制，形成了独具特色的政治制度。元代多民族统一国家的建立，加强了各族人民之间的联系。但元朝统治者为适应和强化对各民族的统治，公开地、毫不掩饰地把各民族按照族别和征服地区先后划分为四个等级，即蒙古、色目、汉人、南人。不同等级的民族在政治上、法律上和赋税负担上的待遇不平等，从而形成了以蒙古贵族为中心、由各族地主阶级参加的、对各族人民进行残酷的民族压迫和阶级压迫的封建王朝。在管理体制上，元朝实行的是君主专制的中央集权制。在中央设中书省、枢密院、御史台，分掌行政、军事和监察大权。中书省通管兵、刑、吏、户、工、礼六部，直辖山东、山西、河北，称腹里。中书省最高长官为中书令，由皇太子专任，设中书右丞和左丞，由蒙古、色目、汉人充任。地方则分设十一个行省，行省下设路、府、州、县等机构，以控制地方军政大权。行省的设立，奠定了以后各代行省制的基础，是中国行政区划和政治制度沿革上的重要事件。

元代政体的另一大特点是对外关系有了新的发展，密切了同东南亚诸国和高丽的联系，扩大了同大中亚的外交关系；与罗马教皇通信修好，与东非马达加斯加的使节往来，把中国的对外关系由亚洲扩大到了西欧和东非。

但是，元代政权在很多方面还保留着落后的一面，如皇位的选汗制，使得每一次皇位继承都会引起诸王的纷争；将数目众多的中原民户掠为官、私奴隶或农奴，使纳税的农户减少，造成国家财政收入的流失；将全国人民按民族分成贵贱不同的等级，实行民族压迫，造成难以调和的民族矛盾；在政权建设上，在实行中央集权的同时，又分封食邑，使军将各据一方，各自为政。由于元朝统治者经济上的残酷剥削，政治上的阶级与民族压迫，造成农民起义此起彼伏。

第二节
元代的赋役

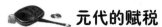

元代的赋税

1. 北方地区的税粮和科差

税粮分为丁税、地税两种。《元史·食货志》中所说的"丁税少而地税多者纳地税，地税少而丁税多者纳丁税"乃是其纳税原则。这种含糊其辞、没有统一标准的税制，事实上难以行得通。实际上税粮制度的制税原则是，除了具有特殊户籍的人户，如工匠、僧道、军户、站户等按田亩纳地税外，其余民户均按成丁人数纳丁税。

丁税方面，元朝统治者先是以户定税，每户税粮开始为二石，不久增为四石。自太宗丙申年（公元 1236 年）起，改为以丁定税，每丁粟二石，驱丁、新户一石。地税方面，将旱地分上、中、下三等，每亩地税分别为三升半、三升、二升；水田每亩五升。中统五年（公元 1264 年）改为旱地每亩三升。至元十七年（公元 1280 年）规定地税一律为每亩三升。

科差包括丝料和包银。科差的征收对象主要是一般民户。中统元年（公元 1260 年）定户籍科差条例，将天下人户分为四大类：元管户，即过去业已登入户籍，而在官府重新括户时情况没有变化的人户；交参户，即过去括户时曾经入籍，后来迁徙他乡，因而在当时重新登录著籍的人户；协济户，即没有成年人丁的人户；漏籍户，即过去从未著籍的人户。而每一大类之下又划分为几个小类。科差的征收额按各户类别而不同。

科差是元朝时北方人民的又一项沉重负担。世祖中统元年（公元 1260

年）与太宗丙申年（公元1236年）相比，丝料征收增加了一倍。包银在丙申税制中并未出现，乃是宪宗乙卯年（公元1255年）额外新增的项目。包银起初仅施行于真定一路，及平定河朔，又推行于各路，正式定为税目，规定每户科纳包银六两。因民力不支，减为四两，其中二两征银，二两折纳他物。世祖时又规定诸路包银只以钞输纳。

包银已属额外增税，后又出现以钞折纳的附加税，称为"俸钞"。这是元初以官吏无俸为由而增设的。其征纳办法是以户为等第，全税户纳一两，减半科户五钱。

 2. 南方地区的两税

与北方的丁税、地税相比，南方的两税是纯粹的土地税。南方的两税以秋税为主，征收粮食，夏税一般是按照秋税征粮数额分摊实物或钱。秋税没

元代的铜钱

有统一的税额，不仅各地区之间存在差别，同一地区内也因土地等级的不同而有不同的税额。总体看，南方秋税课额高于北方地税每亩三升这一数额。

夏税的征收有征收范围的问题，也有折纳的问题。元世祖平江南，仅于江东、浙西征夏税，按南宋原有的办法征收，一般是按土地等级摊派实物，也有以实物折钱的。自元贞二年（公元1296年）起，浙江、福建、湖广也征收夏税，仍依南宋体例交纳。夏税的征收，是以秋税征粮数额为基数，再按一定的比率折收。如江浙、福建等地，凡秋税一石者，输夏税一贯，或一贯500文，或一贯700文，或二贯、三贯。

元朝有大量官田，包括屯田、职田、学田、无主荒田、没官田和掠自民间的土地，也有其租税制度。官田之税具有租税合一的性质。北方官田集中在江北、两淮地区，为鼓励垦荒，对佃种官田者给予免征三至四年租税的优惠，但此后的税率不详。南方官田集中在江南，尤其是两浙地区，也有优免租税的规定，但优免额度不如江北、两淮官田。最初江南官田的租额相对较轻，元朝中后期税率达到50%以上，并有许多附加税。

总体来看，元朝赋税制度比唐、宋之制落后是无疑的，甚至比辽、金更落后。辽、金对北方普通民户仍征收两税，而元朝则一反唐以来两税法的一贯精神，对北方普通民户课取具有人头税性质的丁税。

元代的工商杂税

1. 专卖与专卖税

元朝严格控制和垄断盐的生产和销售，实行"食盐法"和"行盐法"。"行盐法"为商运商销法。元朝在大部分时期和大部分地区实行此法。它的基本程序是商人向盐运司纳钱，换取盐引，凭引到盐场或盐仓支盐，然后将盐运到规定地区贩卖。商人运盐赴所卖地点以前，还须先行具报，由盐司发给"水程验单"，沿途经过官司，依例盘验。到达指定地点后，由当地官司验明引、单无误，方许发卖。

"食盐法"在元朝虽不占主导地位，却是元朝加强盐专卖的集中体现。食盐法是官运官销之法，它的基本程序是官府按照居民人口数（或户数）强行分摊盐额，按额征收盐价。大体上，从元世祖时起，部分地区始行此法，到了元中叶，此法在更多地区推行，直到元顺帝至正初年才完全废止。推行此法的地区，一般是产盐地及其附近地区，官府不易控制盐的私售，故行此法。或者原来推行盐法的地区，出现盐利亏空，也改行食盐法。盐引制度同样适用于食盐法推行地区，即各县官司须向盐运司领取盐引，才能赴盐场支盐。将盐运回各地均配给卖后，各县官司须按引目输纳盐课。

元朝国之所倚资财，其利最广者莫如盐，盐课收入曾占元朝年货币收入的一半以上。元朝增加盐课收入的主要手段是提高盐价和增发盐引，这是盐专卖制度下的一贯做法。

元朝对茶的生产与销售也加以控制和垄断，而对销售的控制更为侧重。元之茶课虽沿袭宋制，但与宋的榷茶之制颇不相同。元之榷茶，先让茶商向茶司（榷茶都转运司及提举司）缴纳茶税，领取公据，然后到产茶区按公据载明的数量向茶户买茶，再回到茶司缴回公据，换取茶引，凭茶引发卖茶货。所以，元朝的茶课具有完全独立的税收形态。茶引之外又有茶由。茶引是供茶司向大茶商作批发之用，而茶叶消费者与小商小贩若向茶司买茶自用，或小批量转运零售，须向茶司纳税换取凭证（茶由）。

与盐、茶不同，酒、醋可随地酿造，官府难以控制其产销。元朝的酒醋政策经历了由课税而专卖，再由专卖而课税的变化。元初实行酒醋课税制度，酒课一直是固定征收的，而醋课时或征之，时或免之。卢世荣秉政后，改征酒税为专卖，官设酒库，造酒发卖，禁止私酿。实行专卖后，所获收入曾达到原来酒税收入的 20 倍。实行酒专卖却无法禁绝私酒，加上卢世荣秉政为时甚短，榷酤之法行之未久即被废罢，又恢复酒课制度。一般民户在缴纳了一定数量的酒课后，即可酿酒自用。卖酒人户，则须按酿酒所费米谷斗斛之数缴纳酒税。一般民户输纳的酒课称为"门摊"，纳者为"有地之家"，显然是按户摊派，且摊派时要按各户实有土地亩数均课。

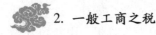

2. 一般工商之税

元朝的洞冶课是对山林川泽征收的课税，有矿产（金属矿产和非金属矿产）和非矿产之税。

金属矿产的课税包括金、银、铜、铁、铅、锡等的课税。元朝的金属矿冶生产，既有民间自行采炼，也有国家组织采炼。官府对民间自行采炼所出产品，或征定额税，或征分成税，这部分收入属于赋税性质。国家组织各类坑冶户采炼金属矿物，所得归官府，这部分收入主要属于官营手工业生产所得，但从坑冶户向国家输纳的角度来考察，又具有赋税性质。

非金属矿产的课税包括水银、朱砂、矾、硝、碱、玉等的课税。元朝对非金属矿的控制较松弛些。水银、朱砂主要由私人认包采炼，交纳定额课税。矾矿的经营方式和纳税办法比较多样，民营矾矿或纳定额税，或纳分成租。官营矾矿出产之货，也有设矾引发售者。玉作为奢侈品，地位比较特殊，玉矿多为官营，一般情况下并不发卖。

非矿产之物的课税包括珍珠、竹、木等的课税。珍珠主要由官府经营，也有民户捞采，官府收买的。元初设司竹监掌管竹之课税，定竹价为三等，卖与民间。至元四年（公元1267年）官卖竹货采取发行竹引的办法。至元二十二年（公元1285年）罢司竹监，听民自卖输税。在官营、民营并存的情况下，总的原则是"在官者办课，在民者输税"，即官营主管部门每年应上缴定额竹课，而民间则缴纳竹税。

至元二十六年（公元1289年），元朝于浙东、江东、江西、湖广、福建设置木棉提举司，每年向民间征收木棉布10万匹。这是向人民课取棉布实物贡赋。两年后，因这一征派不符合棉花生产实际情况，故罢提举司岁输木棉。元贞二年（公元1296年）定江南夏税，令民输木棉、布、绢、丝、绵等物。可见，元朝棉税既有作为农业税的一部分，定期缴纳的；又有作为单项税收，临时征派的。

元朝瓷器产地遍及全国。各地瓷窑大部分都是民营的，瓷课也就成为元朝的一项重要手工业税收。元朝在各瓷器产地设有负责征收瓷课的机构。当时最重要的瓷器产地是江西景德镇，设有浮梁瓷局，改宋监镇官为提领，收取课税。景德镇有民窑300多座，窑课按二八抽分，即收取20%的产品或产值作为税收。当时窑户除负担正额窑课外，还要应付各种苛捐杂税，其实际负担要大大超过名义上的税额。

元朝的商业极为繁荣。朝廷力图通过官营商业垄断商业利益，拥有政治特权的贵族、官僚、僧侣也参与商业利润的瓜分。尽

元代景德镇瓷器

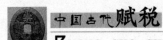

管如此，为数众多、遍及城乡的中小商人，仍是元朝商业的主要经营者。对于他们，朝廷主要是以征税的方式，控制其贸易活动，并强制分割其所得商业利润的一部分。

元朝商税分为正课与船料两种。正课是对商贾买卖征收的营业税，以及买卖田宅、奴婢、牲畜等所征收的交易税。船料课也称"船钞"，是对商业用船征收的税。优待商贾是元朝的社会特色之一，商贾所受优待主要表现为经常享受减免商税的优惠，以及拥有包税特权。

元朝海外贸易十分发达。最初继承宋朝的市舶司制度，至元三十年（公元1293年）和延祐元年（公元1314年）分别制定了新的市舶法则。元朝不再像宋朝那样对部分舶货实行禁榷，也施行"博买"，但在抽解之外，增加了一项舶税，此税是在抽解后的货物内再收取1/30。市舶司每年抽解和抽舶税所得货物，除一些珍奇宝货上贡朝廷之外，其余一般都在市场上出售，再以所得款项上缴中央。为保证市舶税入，元朝还制定了一系列防止偷税漏税的条例，任何人都不得利用权势逃避税收。

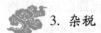

3. 杂税

元朝的杂税统称为"额外课"，大体上承袭宋、金旧制，但也有本朝新创立的税目。《元史·食货志二·额外课》所载额外课主要项目有32类。额外课的征收对象十分广泛，有很多是属于因地而异的税入。那些带有地方特产税收性质的额外课，很可能是从历代具有土贡性质的地方课税演化而来的。额外课的征收，有的是采取分成抽取，有的则是由专业人户每年依例缴纳一定数量的实物。元朝政策多变，对于一些百姓赖以为生的物产，时而课以税收，时而禁其采捕，造成有关制度的间断和混乱。同时，在额外课的征收中，不顾实际情况的变化，强征强派的现象并不少见。

第九章

明代的赋税制度

　　明初的田税沿袭唐以来的"两税法"，有夏税、秋税之分，田税征收的税率采用固定税率。缴纳物有米麦，也有丝、麻、绵、银等。明代的商税征课范围比元朝要广。明代差役有里甲、均徭、杂泛三类。明中期时对赋役制度进行改革，推行赋役合一的"一条鞭法"。明末期，各种税收加派开始出现，以至于开始公开掠夺。凡此种种，无不反映了明王朝的腐朽。

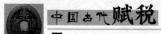

第一节
明代经济概况

明代农业概况

　　明初，统治者十分重视农业生产，多次下令垦荒，还迁移狭乡的农民到宽乡耕种。对垦荒的农民，有时由政府借给耕牛、种子、农具等，还组织农民进行水利建设，因此明代的农业生产在人民的辛勤劳动下发展很快。

　　明代的农作物主要是稻谷，这时江南有了两季稻，广东、海南岛出现了三季稻，种植区域向长江以北地区发展。这时水稻产量较前有了提高，一般稻田亩产二石到三石，个别地区达五六石。当时的农作物，除了粮食外，还有棉花、烟草、蚕桑及油料作物等。棉花的种植经过劳动人民长期生产的实践，已经由江南、陕西推广到河北、河南、山东、山西等广大地区，山东的棉花产量达到全国首位。成祖永乐时，"宇内富庶，赋入盈美，米粟自输京师数百万不外，府县仓廪蓄积甚丰，至红腐不可食"。

　　明代土地兼并非常严重。朱棣作燕王时，在宛平县建立私庄，名"王庄"，作为培植亲军的一个经济来源。朱棣称帝后，将王庄变为皇庄，明代皇帝直接掠夺土地自此开始。到了中期，武宗朱厚照当皇帝一个月，就设立皇庄7所，后又增加到30多处。官僚地主也大肆兼并土地。

明代手工业与商业概况

　　明代的手工业以丝棉纺织业发展最快，纺织机有了一些改进，出现了脚踏纺轮，手纺双纱或三纱的纺车，提高了劳动生产率。当时，还有一种叫作花机的丝织机，构造复杂，除有织机的主要部分外，还有花楼，上坐提花工协助织工工作，可织出复杂的花纹来，色彩鲜艳，图案美观大方。制瓷业中心景德镇，除官窑外，民窑也大量发展起来。到明后期，景德镇的官民瓷窑共有 3000 余座。陶瓷工艺也有革新，用陶车旋刀代替以前用的竹刀旋坯，以吹釉法代替以前的蘸釉法，青花瓷更趋精美，还出现了有名的五彩、斗彩等。明代全国冶铁地区日益扩大，冶铁技术

明代的丝棉纺织业

也日益提高，例如永乐时河北遵化冶铁厂有工匠 2500 余人，炼铁炉高一丈二尺，每炉可熔铁矿砂 2000 多斤。

明代时，南京、北京不仅是政治中心，而且还是重要的经济城市。北京城内商店林立，百货云集，重要的商品在一定的区域出售，北京有缸瓦市、猪市、煤市等，正阳门外是商人集中区，商业繁盛。南京的商业发达，专门设有供商人使用的货栈，名曰"塌房"。手工业的重要产地苏州、松江、杭州、成都，同时也是商业城市，如万历年间，松江有 20 多万人，有成千的建筑工人。湖北的汉口、荆州、沙市也是商业重镇。

明代不仅国内市场发达，国外贸易也较繁盛。明初，陆路贸易随着元的崩溃而有所梗阻，最多只能靠入贡、赏赐、互市的方式维持着一部分国际贸易。但是在海道方面，由于郑和七次下"西洋"为明代开辟了海运路线，从而促进了对南洋一带的国际贸易。明代出口的多是瓷器、丝绸、绵绮、纱罗、铁器和金属货币，进口的多是象牙、宝石、香料等奢侈品，供皇室、贵族享用，同时也少量进口生产资料，如从暹罗进口铜。

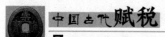

第二节
明代的田赋与徭役

明代的田赋和徭役制度，大致以"一条鞭法"改革为界，分为前后两个时期：明初的田赋与徭役制度多承宋、元旧制，但较宋、元为轻，简约而有序；明中期实行一条鞭法后，赋役制度发生了重大变化，且对后世田赋制度产生了深远影响。

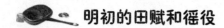

明初的田赋和徭役

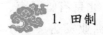

1. 田制

明代的土地所有制形式，分为官田和民田两大类。

官田的构成十分复杂，按来源分，有宋、元时入官之田地，有还官田、没官田、断入官田等；按用途分，有公田、学田、职田、养廉田，有牧马草场、城壖苜蓿地、牧场，有皇庄、园陵坟地、公占隙地，有诸王、公主、勋戚、大臣、内监赐乞的庄田，有寺观庄田等；按管理方式分，有屯田，又有军屯、民屯、商屯之别。实际上，官田中最主要的是屯田、庄田和公田三种形式。

明代初期，屯田所获是军队粮饷的重要来源，所以屯田在诸项官田中曾经占有重要地位。明代庄田有皇庄、藩王庄田及权贵庄田等，其来源除官荒无主及被籍没的土地外，更多的则是侵夺民业而来。《明史·食货志》中载："草场颇多，占夺民业。而为民厉者，莫如皇庄及诸王、勋戚、中官庄田为甚。"正因为如此，明代庄田的发展在明中后期反而更盛。明代官田数额庞

大，据《明史·食货志》记载，弘治十五年（公元 1502 年），天下土田共
4228058 顷，其中官田为民田的 1/7；正德年间（公元 1506—1520 年），天下
民田为 3629600 余顷，官田为 598450 余顷，官田约为民田的 1/6。

民田是除官田外的土地，是百姓自己占有并允许买卖的土地。明初实行
奖励垦荒政策，小农经济发展了起来。但明中期以后，土地兼并加剧，原拥
有小块土地的农民纷纷沦为佃户，而权势豪富之家则乘势大肆兼并土地，出
现了许多私人大地主。农民失去土地还要承担赋役，因而纷纷逃亡，或投充
到权势之家为"隐户"。这样，权贵之家占有土地数量更多、权势更大，民田
实质上主要是地主土地占有制。洪武二十六年（公元 1393 年），核实天下土
田为 8507623 顷，到弘治十五年（公元 1502 年）已减一半有余，只有
4208058 顷。

2. 明初的册籍整理

明代随着中央集权制的加强，户籍制度也较宋、元严密，并以此作为控
制百姓和赋役征课的基础，因而较重视户口、田土册籍等的整理与管理。

明代户口之数，以太祖洪武二十六年（公元 1393 年）、万历六年（公元
1578 年）为最多，洪武二十六年有户 10622800 有余，口 60545800 有余；万
历六年有户 10621400 有余，口 60692800 有余。

明初，因元末农民大起义之后，人口流徙，田土占有关系多变化，户籍、
土地册籍也多已丧失（或已混乱），不能作为征收赋役的依据。为了保证赋役
均等、可靠，明代建国后不久，便通过编制赋役黄册和鱼鳞图册开始了对户
籍、田籍的整理，以加强对全国户口、土地的管理和控制。主要表现在：

（1）赋役黄册。明代户口分为三类，即民户、军户、匠户。此外，还有
沿海煮盐的灶户、寺院的僧户、道观的道户等。

明代军户归兵部管辖，世代相袭，不服徭役；匠户由工部管辖，轮流调
充皇家工匠义役，也不服一般徭役；而民户是负担国家赋役的基础和核心。
为了掌握和控制民户，洪武三年（公元 1370 年），诏令户部制定户帖、户籍，
对全国的户口进行登记和核实，户帖交给本户自存，户籍由官府保存。户帖
与户籍上均记载姓名、年龄及居住之地，每年登记一次，将增减之数上报朝
廷。在人口普查的基础上，于洪武十四年（公元 1381 年）正月，实行里甲制
度，并在此基础上编制赋役黄册。以 110 户为一里，推丁粮多者 10 户轮任里

长，以10户为甲，甲有甲首，每年里长一人、甲首一人主管一里一甲之事。赋役黄册以里为单位，以丁粮多寡为序。每户应在官府发下的"清册供单"上登载本户的姓名、籍贯、丁口、年龄、田宅、资产等项目；里长汇总后，将本里清册供单编为一册，册首列上本里户口、税粮总数的图，然后呈报到县里；县汇总本县户口总清册送府，府、部政司再层层造册，最后上报户部。赋役黄册一式四份，一份交户部，一份交布政司，一份交府，一份留县。上送户部的户籍册，是用黄纸作封面的，所以叫"黄册"。每隔十年，地方官按各户丁粮增减情况重新排定服役次序，重新编造黄册。赋役黄册既是国家掌握全国人口的户籍簿，又是政府征收赋役的依据。此外，军户有军户图籍，匠户有匠户册籍。

（2）鱼鳞图册。为掌握纳税的基础，防止和减少逃税、漏税及土地纷争的现象，必须确定土地的数量和质量。明王朝建国伊始，明太祖就曾派人对一些地区的田土进行过丈量，为编制田籍做准备。洪武二十年（公元1387年），明太祖下令丈量全国土地，在此基础上编造鱼鳞图册，即为土地登记簿册。它是按"随粮定区"的原则编制的，即以税粮万石为一区（设粮长四人，由富户充任，负责赋税的征解），每区在丈量土地的基础上，按照土地的类别、数量、形状、四至、地势高低、质量的好坏以及土地所有者姓名绘制成图册。由于其形状如鱼鳞覆盖，所以叫鱼鳞图册。鱼鳞图册是维护封建土地所有制，组织赋税收入，同时也是政府管理土地、清查隐匿和兼并的重要依据。

赋役黄册、鱼鳞图册早在宋代便已于个别地区编制实行，至明初始为完备。明代的赋役黄册以户为主，按四柱式记账法，详列原有人数、新增加人

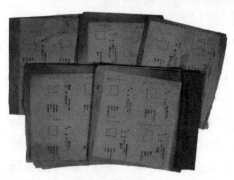

鱼鳞图册

数、死亡减少人数，以及年终实有数的人口变动情况；鱼鳞图册以田土为主，田土地势高低、干湿、肥瘠、土壤性质等都详细登载于上。赋役黄册以人为经，以田土为纬，田归业主，凡属于户口新旧变迁、分居析灶等情况都记载在册，是国家征收赋役的基础；鱼鳞图册以地域为经，人户为纬，业主归其本区，区内土地形状、面积、

方位、户主，按土地四至绘成图册，这样既可解决土地方面的争讼，又可避免产去税存、藏多匿少的现象。

明初，政府通过赋役黄册来控制户口和赋役，通过鱼鳞图册来核实与管理土地，控制应税田亩，于是便形成了一套严密的、系统的，同时也比较完善的户口、土地管理和赋役制度。这对缓和阶级矛盾、安定社会秩序、恢复和发展生产、增加财政收入起到了积极作用，同时也有利于封建中央集权国家的巩固。

3. 明初的田赋

明代立国之时，田赋仍沿袭两税法，以赋役黄册和鱼鳞图册为依据，按亩征税，分夏秋两次缴纳；输纳期限，夏税不过八月，秋税不过次年二月（有时为当年十二月），可谓简约而有序。

明初田赋征收以实物为主，夏税一般为米、麦，秋税一般为米，而丝、麻、棉为两税的附加。明代田赋在征收时，往往将米、麦、丝、棉、绢及麻布等折成国家需要的物资缴纳，于是米、麦、丝、棉、绢及麻布为本色，所折之物称为折色。洪武三年（公元 1370 年）九月，因军士急需用布，明太祖准从户部的奏请，令盛产棉布的松江府可以布代输秋粮。此为明代田赋折征之始。洪武九年，为了各随所产，以为民便，令天下郡县税粮，除诏免外，以银、钱、钞、绢代纳。银一两、钱千文、钞一贯，皆折米一石，小麦减十之二；棉苎一匹，折米六斗，麦七斗；麻布一匹，折米四斗，麦五斗；丝绢等各以轻重为增减；有愿继续输粟者，听其自便。洪武十七年，又命江南、松、嘉、湖以黄金代输今年田租；云南以金、银、贝、布等代秋粮。可见，随着商品经济的日益发展，田赋折征的范围不断扩大。至英宗正统元年（公元 1436 年），又行金花银折征办法，即以米麦一石，定为银二钱五分，其后推行于全国，以银两完纳田赋，永为定制，田赋征课中货币税逐步取代了实物税。

田赋折色，反映了我国古代田赋由实物税向货币税转化的历史趋势，有弊有利。其弊在于：诸方赋入折色，使仓粮之积减少，一旦发生饥荒，兵民无食，不利于社会秩序安定；因需折色，多方折色，农民为完纳赋税势必临时辗转易换，易受官吏操纵和中间剥削；又因粮谷贵贱无时，折色折例混乱，民负因此不断加重，而成为民患。但从积极意义来看，田赋折色是商品货币关系发展的结果，反映并适应了田赋征收由实物税向货币税发展的历史趋势：折色于国不亏，于民方便，顺应了商品经济的发展潮流，刺激了商品货币的生产与流通；而随着折色的出现与推广，势必要求农民拥有更多的金、银、布、绢诸物，使其不得不改变单一种田产粮的传统习惯，多方开辟生产门路，发展多种经营和调整农业经济结构，从而促进农村经济社会的发展。

明朝初年，明太祖一面下令减少劳役，一面实行一种比较宽松的赋税政策，曾对田赋进行有限度的减免。洪武七年五月，明太祖以苏、松、嘉、湖四府近年所籍之田，租额太重，特令：部计其数，如亩税七斗五升者除其半；洪武十三年三月，又令户部降低苏、松、嘉、湖四府"旧额官田"重租粮额。宣德五年二月，令旧额官田地租亩税一斗至四斗者各减十之二，四斗一升至一石以上者减十之三。此外，明初还有一系列临时性的减免措施，主要是针对因战乱和水、旱、蝗等自然灾害引起的困难。如洪武四年十一月，免陕西等处受灾水田租；洪武七年二月，因旱蝗成灾，免山西太原的租税；五月免真定等四十二府州县受灾田租；六月以陕西雨雹，陕西、北平等处蝗灾，并蠲田租。

明初的田赋，一度曾由郡县吏督收。朱元璋为避免郡县吏侵渔百姓，于洪武四年（1371年）实行粮长收解制度。即里甲催征，税户缴纳，粮长收解，州县监收。粮长征收之制使百姓不受胥吏的盘剥侵渔，于国于民都有利。但粮长充任既久，不免贪污不法，中饱私囊，又因逃户增多，粮长赔至破产，一条鞭法时，废粮长制。

 4. 明初的徭役

明洪武元年（公元1368年）定役法，规定田一顷出丁夫一人，不足一顷者，以其他土地补足，称"均工夫"，并在局部地区编制"均工夫图"。每年农闲时，应役者赴京供役三十日而归。田多丁少者以佃户充夫，而田主出米一石以供服役之资。"均工夫"是一种过渡性质的役法。赋役黄册编成后，依赋役黄册所载，按丁出役。明代规定，年16岁为成丁，开始服役，60岁始免。

明初的徭役有里甲、均徭、杂泛三种形式。里甲之役以户计，每年由里长一人和甲首一人应役，十年之中里长、甲首皆轮流一次；值役称当年，按次轮流称排年，十年清查一次，重新按丁田、资产增减情况排里甲顺序。

均徭之役以丁为主，验丁粮多寡、产业厚薄以均其力，由里甲编造等第，均输徭役，故叫均徭。均徭之役是供官府役使的差役，主要有祗候、禁子、弓兵、厨役、解户、库子、包脚夫等等。亲身服役的，称力差，由民户分别供给或以货币代输的如岁贡、马匹、车船、草料、盘缠、柴薪等公用之物，称银差。以后力役常以银代输，于是银差范围日广。派役时一般以丁粮资产的厚薄即户等的高低为依据。户等高的充重役，户等低的充轻役。均徭的编审，一般与里甲编审的时间相同，即十年一次，也有五年、三年或二年编审一次者。

杂泛之役，或称杂差，即无一定名目，临时编征的徭役。一般包括三类内容：兴修水利，如治水、修渠、筑坝等；为中央政府充工役，如修城、建筑宫室、运粮、修边防工事等；为地方政府充杂役，如斫薪、抬柴、喂马等等。

总的来说，明初的徭役较轻，有利于经济的恢复和发展。

 ## 明中期的张居正赋役改革

鉴于明代中期日益加剧的社会矛盾，尤其是明初赋役制度的破坏、赋役不均等引发的财政危机，许多有识之士试图通过整顿吏治、改革赋税制度来维持封建王朝的统治，比较有代表性的有桂萼、欧阳铎、庞尚鹏、海瑞、王宗沐和张居正等，他们提出了很多改革赋役的办法，如征一法、一串铃法、十段锦法、纲银法和一条鞭法等。其中涉及全国范围、规模最大的一次当属以张居正为首的"一条鞭法"的赋役改革。

1. 改革的前奏——开源节流和清丈土地

万历元年（公元 1573 年）张居正任首辅后，面对当时的财政危机，力图从节流与开源两方面进行挽救。节流主要是裁减冗官冗费，对皇室的费用力求节俭。张居正曾以"官多民扰，供亿费繁"为由，下令裁减部院诸司冗官和各省司、府、州县官达 160 余员。针对皇室的浪费现象，张居正多次上疏劝谏，并提出停止修建宫室工程、限制皇室或外戚支取国家经费等建议。

在开源方面，主要是清理逋欠的田赋。万历元年（公元 1573 年），敕令"自隆庆改元以前逋租，悉赐蠲，四年以前免三征七"；次年规定，拖欠七分

张居正

之中，每年带征三分。万历三年（公元1575年），张居正用考成法严厉督促官员奉行，"输不及额者，按抚听纠，郡县听调"。经过整顿后，明代的财政有所好转。万历四年（公元1576年），京通储粟足支八年，太仆寺积金400余万；次年，岁入135万余两，岁出349万余两，盈余86万余两。

张居正在清理田赋逋欠后，又于万历六年（公元1578年）下令清丈全国土地。"凡庄田、民田、职田、荡地、牧地，皆就疆理，无有隐。其扰法者，下诏切责之。"经过几年的努力，公元1581年基本完成了清丈土地的工作，总计全国有田700余万顷，较弘治十五年（公元1502年）的数字约多出300万顷。虽然在丈量过程中存在着有些官吏改用小弓丈量等虚增田亩数额和豪猾世家千方百计进行抵制等问题，致使这一数字不甚准确，但毕竟把地主豪强隐瞒的土地清查出了不少，使豪民的隐田逃赋受到打击。由于田赋总额未变，而丈出的新垦田亩也须与旧田一样缴纳赋税，这样，将总的田赋旧额均摊到新旧田亩上，则每亩出赋自然会有所减轻。

2. 张居正赋役改革的内容

在清丈全国土地的基础上，张居正于万历九年（公元1581年）在全国推行一条鞭法，对赋役制度进行了全面的改革。一条鞭法又称一条编法，即丁银税粮等征收简化总编之意。此法在嘉靖十年（公元1531年）由御史傅汉臣奏行，嘉靖末，浙江巡抚庞尚鹏行于浙江，隆庆四年（公元1570年）海瑞行于江西，至万历九年通行全国。

据《明史·食货志》所述："一条鞭法者，总括一州县之赋役，量地计丁，丁粮毕输于官。一岁之役，官为佥募。力差，则计其工食之费，量为增减；银差，则计其交纳之费，加以增耗。凡额办、派办、京库岁需与存留、供亿诸费，以及土贡方物，悉并为一条，皆计亩征银，折办于官，故谓之一条鞭。"

归纳起来，一条鞭法的主要内容包括：

（1）赋役合并。将明初以来分别征收的田赋和各种名目徭役、向地方征收的土贡方物以及上缴京库备作岁需和留在地方备作供应的费用等都合并为一，使赋役统一于田亩，随夏、秋两税一起征收，简化征收手续。赋役合并后，官府所需力役，由其出钱雇人应役，不得无偿征调。

（2）正杂统筹。正税和杂税、额办与派办、力差与银差等，均按田地、定额均摊。量地计丁，将部分丁役摊入土地征收。

（3）田赋征银。田赋征收虽然明初就有"折色银"出现，英宗正统元年（公元1436年）又规定了"金花银制度"，但一条鞭法实行以前，米麦仍为本色。一条鞭法规定，除在苏、松、杭、嘉、湖地区征米麦以供皇室、官吏食用外，其余地区一律按亩征银；各种差役杂派如力差等也全部改为以银缴纳。由此，田赋货币之征取代了实物之征。

（4）官收官解。由于田赋等以银缴纳，易于征收、储存和解送，于是改明初民收民解的粮长收解制为官府统一征收、解运的官收官解制。徭役也由官府统一雇募。

张居正的赋役改革，是中国封建社会赋税史上的一次重大变革。明代中期的财政危机，经张居正的整顿和改革，局势有了显著的改观。万历十年至十五年（公元1582—1587年），明代已是"公府庾廪，委粟红贯朽，足支九年，其赢余数十百巨万……可谓至饶给矣"；明之太仓积粟达"一千三百余万石，可支五、六年"，这比之于"嘉靖之季，太仓所储，无一年之蓄"，诚不可同日而语。同时，张居正一条鞭法的改革，不仅在赋役制度本身的改革上对后世的影响深远，而且对社会经济的发展客观上也起到了积极的促进作用。

一条鞭法虽然推行于全国，但由于这项改革本身的不彻底和制度本身的局限性，其在各地执行的差异较大且极不彻底，所以，一条鞭法行之不久，即出现偏差。十余年后，田赋制度又趋于紊乱，农民的负担也日益沉重。

明代后期的田赋加派

明代后期，各种社会矛盾不断深化，财政危机日益严重，统治集团计无所出，不得不竭泽而渔，正赋加重之外，附加加派不断，田赋负担由此成倍增加。

明代田赋的加派，最早发生在武宗正德九年（公元1514年），当时乾清

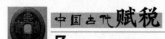
宫发生火灾，为复建乾清宫，全国加派田赋100万两。正德二十九（公元1534年）年，为增兵设成，乃议于南畿浙江等州县，加赋120万两；嘉靖末的额外提编，仅江南即达40万两。实行一条鞭法之时，加派稍有收敛，而至万历中期又有"万历三大征"加派。但当时这种加派尚属临时性的，基本上是在局部地区实行的，数额不大，而且事毕即止。及至明代后期，辽东战事兴起，农民起义军兴，"三饷"（即辽饷、剿饷、练饷）加派出台，于是成为经常性"岁额"，其加派的数额之巨、扰民之深、影响之大，足以厉民亡国，成为我国封建田赋史上典型的恶政之一。

1. 辽饷加派

辽饷是以辽东战事紧急、军饷不足的名义而加派于民的赋税。万历四十四年（公元1616年），努尔哈赤在赫图阿拉（今辽宁新宾）称汗建国，建立了后金政权。万历四十六年（公元1618年），努尔哈赤向抚顺发起进攻，为加强辽东防御，明廷于是令全国田赋每亩加银三厘五毫；万历四十七年（公元1619年），又加三厘五毫；万历四十八年（公元1620年），再加银二厘。三年三次加派累积，每亩共计加银九厘，共增田赋520万两，遂成定制，故称辽饷加派。崇祯三年（公元1630年），清兵劫掠永平、顺天等府，于是每亩加九厘之外，又加三厘，称为"新饷"。前后四次辽饷加派，总计年额已达669万余两。从天启六年（公元1626年）开始，还实行辽饷预征制，每年十月开始预征第二年辽饷的3/10。

辽饷主要以地亩为征收对象，但又不限于地亩的征收。从天启元年（公元1621年）开始，还在全国加派杂项辽饷，范围非常广泛。此外，还有盐课、关税、芦课的辽饷加派。天启三年（公元1623年），除地亩银外，其他各项加派辽饷数累计达2650516两；到崇祯年间，在增派地亩的同时，杂项、盐课、钞关、芦课的加派也屡有增加。

2. 剿饷加派

剿饷是用于对内镇压农民起义所耗之饷。崇祯时，农民起义风起云涌，为增加兵饷，镇压农民起义，遂于崇祯十年（公元1637年）加派剿饷。剿饷分为均输、溢地、寄学监生事例和驿地四项征收。其中的"均输"是因地而征，每田一亩，派米六合，每米一石，折银八钱，其后又亩加银一分四厘九丝；"溢地"是对万历九年以来各地方多清丈出的尚未加派辽饷的土地加征剿饷，两者都属于田赋加派的性质。剿饷的具体征收情况，崇祯十二年（公元 1639 年），杨嗣昌奏报：十一年实收剿饷银 271 万两，其中省直溢地银 450670 余两，裁站银 20 万，督饷、再开事例 10 万，扬州新增盐课银 16 万以上，另外均粮征银 180 多万。

崇祯通宝

 3. 练饷加派

剿饷原定以一年为期，但农民起义势不可当，辽东战事又日趋急迫，明廷不得不练兵增饷。于是，在崇祯十二年，又下令征收"练饷"，即为增练额兵及在郡县专练民兵而加的饷银。练饷的主要来源也是田赋，每亩加一分，合计共派银 4811800 余两；除田赋以外，还有赋役核实、裁减站粮、关税、盐课、契税、典税、官吏赃罚和"公费节省"等项目。各项合计共 7091800 两。

除辽、剿、练三饷之外，崇祯八年又有助饷加派，即按税银加派，加官户田赋 1/10，民户十两以上者亦加 1/10。此外，还有所谓"黔饷""芜饷"等等，名目较多。地方性的加派更是层出不穷。如天启五年（公元 1625 年），御史吴裕中说广东除正饷外，还有"鸭饷、牛饷、禾虫等饷"。

以上三项加派合计，已近 2000 万两。"一年而括二千万以输京师，又括京师二千万以输边"，实为自古所未有。加派得来的巨款，理应用于军饷与练兵，但事实上却不尽然：军饷常为宦官、大臣和将领所吞，以致欠饷累累，兵不聊生；至于练兵，"所练何兵，兵在何处？""兵实未尝练，徒增饷七百万为民累耳！"明代后期的田赋加派，实为明后期的突出弊政。这种竭泽而渔的赋税政策在加速农民破产的同时也加速了社会经济的崩溃，不但没有解救明王朝，反而加速了其灭亡。

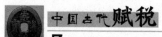
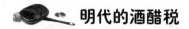 明代的酒醋税

明初设有酒醋曲局，并有隶属于官府的酒户、造曲户，宫廷内有专门的酒坊向皇室供应酒类。洪武十六年（公元 1383 年）诏班"乡饮酒礼图式"于天下，乡饮之礼达于庶民。明宫中的饮酒大都是宋元宫廷内传下来的酿酒法，既有酿造酒，也有蒸馏酒。一般来说，蒸馏酒所需的技术较高，因为它必须要发展出适当的工具与繁杂的程序才有办法制造出来。明代各种不同等级的酒肆分类越来越清，达官贵人开宴会往往选取高级酒楼，而一般的中小型吃店也各有特色，经济又实惠，甚至有些店小二还具备极高的人文素养，当时的酒肆已成为重要的社交场所。酒也是明代普通百姓的重要饮料之一。其中烧酒、白酒、火酒则是同物的异名，主要供下层劳动者零星市沽，饮少易醉，节费省时。而当时最主要的市卖名酒，则是金华酒和麻姑酒。《酒小史·酒名》条载有：金华府金华酒、建昌麻姑酒。明代的金华府辖管东阳县，故李时珍说："东阳酒即金华酒。"（《本草纲目集解》）建昌府治南城县，县西南有麻姑山，麻姑酒即因以山泉酿酒而得名。这两种酒，在明代都是全国性的名酒，明人认为，入药用东阳酒最佳。此酒自古擅名，《事林广记》中便曾载述其酿制之法，所用之曲药，惟用麸面蓼汁拌造，此酒酿成后清香四溢，色复金黄，饮之至醉，不头痛，不口干，不作泻。其水秤之重于他水，邻邑所造俱不然，皆水土之美也。江西的麻姑酒，即以此泉水而得名，而曲有群药。明代食醋很普遍，其味酸苦，性微温。在传统的中药炮制方法中，醋是一种常用的液体辅料。古籍医学大典《本草纲目》《本草经疏》均称醋能"消肿痛，散水汽，杀邪毒，理诸药"。所以，百姓喜欢食醋。苦酒就是醋，又名酢、醯，因为列入酒类，所以要纳税。

明代不实行榷酤，而对酒征税，折收金、银、钱、钞，凡人户出售酒不纳税者，笞五十，没收一州酒，其中以 3/10 支付告发者充赏。明洪武十八年（公元 1385 年），始定酒醋课。凡踏造酒曲出卖者，必须投税。自行造酒家用者，酒曲不投税；如卖酒之家，造酒出卖，依例办纳酒课。永乐时，10 块酒曲收税钞、牙钱钞、塌房钞各 340 文。宣德四年（公元 1429 年），酒醋课由县缴纳，发给由帖执照，每月点税查考一次。正统七年（公元 1442 年），准许各处州、县额办酒课，由各州、县收储，以备岁造缎匹、祭扫及官吏俸给等项支用。

　　明初实行禁酒政策，直到后期，酒的生产也没有多大发展。由于酒的生产没有发展起来，所以酒课不占重要位置。而且酒税不上缴中央，令收贮于州县，以备其用，实质是一种地方税。酒税税额一般以酒贡为计算单位，每10块酒曲，收税钞、牙钱税、塌房钞各三进40文，或征曲量的2%。醋在明朝已不属禁榷之物，征税亦甚轻。

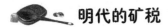 ## 明代的矿税

 ### 1. 明代的矿业生产与税收

　　明初的工商税政策有利于工商业的发展，但当工商业有了一定发展之后，统治者追求财富的欲望也越来越强烈，他们不择手段地搜刮工商业者和广大消费者，致使工商税制度日趋紊乱，对人民的扰害也越来越大。尤其是矿税和商税，更成为百姓的沉重负担，严重阻滞了工商业的发展。

　　明代矿税，也称坑冶之课，包括金、银、铜、铁、铅、汞、朱砂、青绿（矿质颜料）等矿产物质课税，以金、银为主，其他皆微不足道。金银矿开采大都采用官府垄断制，由政府主持开采。间有民采，须经允许，其课额也重。明初，统治者不主张开矿，认为投入劳力多，产出矿银少，虽然订有矿税税额，但数额极少，人民负担较轻。永乐年间，明成祖虽也反对采矿，但矿禁已松，矿课逐渐增加，福建矿课岁额达32800余两，浙江达82070两。明中期后，随着商品货币经济的发展，政府开始重视矿冶，广泛组织开采，"税由此大兴矣"。

　　明代金银之课，一般采用包税制，即规定某场一年应纳税额，责民交纳。明代初年，金银之课甚轻。福建各银场税课仅2670余两，浙江岁课2800余两。永乐以后，银课稍增，福建银课岁额32800余两。万历以后，由于商品货币经济的发展，对金银的追求越来越迫切，于是以开银矿的名义，大肆掠夺百姓，坑冶之法由此而滥，并成为扰民的渊薮。

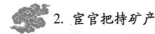 ### 2. 宦官把持矿产

　　嘉靖以后，采矿大都由中官、权贵把持，成为主要搜刮之所。明万历时

派太监征收矿税，成为虐民暴政。万历二十四年（公元1596年）诏开各处矿冶，并专派宦官为矿使、矿监，承旨四出勘查，乘机勒索钱财。从此，矿监横行天下，不市而征银，无矿而输银，勒索银课200万两。自万历二十五年至三十三年（公元1597—1605年），矿税荼毒，祸及各地。矿税苛索成了明代灭亡的一个重要原因。

矿税之弊，源于太监领矿。英宗天顺时，曾派太监负责提督浙江、福建、云南、四川等银矿，宪宗成化中，开湖广金矿，"岁役民夫五十五万，死者无算，得金仅三十五两"。神宗成历二十四年（公元1545年），又大肆开矿，太监四出，皆给关防，他们假开采之名横索民财。自穆宗隆庆以后，凡桥梁、道路、关津皆私擅商税，罔利病民。神宗万历两宫三殿灾后，营建费用浩繁，于是大增天下商税，以充其费。万历二十六年（1598年）设立榷税使，由太监担任，四出征税。

太监以开矿、征税为名，勒索百姓，民不聊生，终于激起了民变。

明代末年反矿监、税监的斗争是中国历史上的第一次，参加斗争的有手工业工人、小商人、手工业者和城市贫民，一些工商业者、中产以上的商人、作坊主、窑主也加入了这一行列。这次斗争是以手工业工人、贫民为主的反统治压迫的一次斗争，在中国历史上具有重要意义。

明代土贡制度

明代的土贡制度是在前代基础上发展起来的，但更加完备。明代土贡制度对贡物的科类、贡物的运送与保管等问题都有具体的安排，土贡给社会经济和人民日常生活带来了重大影响。明代立国之初，即对所贡物品的种类、数量都做出了明确的规定。明代地方向皇室和中央政府无偿提供的物资统称为"上供物料"，具体又可分为"上供"和"物料"两种。之后，又出现了"额办""额外派办"和"不时坐派"等名目，土贡扰民日深。之后，随着明代社会经济的发展，到了明代中后期，"土贡征银"成为了一种普遍的社会现

明代纺织品

象，又是一种额外税收。按照明代的土贡制度，在贡物的种类上，物品可谓包罗万象，主要有纺织品、药品、日常生活用品、珍禽异兽、家禽、铜、铁、皮革、纸等。关于土贡的管理，明代土贡由户部统一管理和征收。征收的途径主要来源有官府收购、里甲民户或专门的贡户供办、官办和手工业制造三种途径。土贡进贡的方法主要有：按田粮和按里甲征收两种。土贡物品的运输主要依靠专门的运输机构：马快船和递运所。在入库和支用方面，进贡物品分别藏于内承运库、内府供用库、光禄寺库等库中，以供皇室对各种物料的需求和消费。而贡品的支出主要用于皇室日常生活用品、祭祀及赏赐等。首辅张居正推行"一条鞭法"，其中就规定农民要服各种徭役，并缴纳特殊的土贡等，继续实行缴纳贡品。

尤洪辉在《明代土贡制度探析》一文中指出：山东是明代中央政府财政收入的重要来源地。山东土贡物品的类型主要包括药物、皮张、禽畜、翎毛、石料、金属以及日常生活用品等。部分府县土贡征收情况，归纳其主要特点有："贡所非产"的现象不明显；"土贡折银"现象数量很大。这种情况加重了劳动人民的负担。

茶叶是土贡的重要贡品，明代建立后，继续以武夷山四曲为御茶园，焙制贡茶，至明嘉靖三十六年（公元 1557 年），在当地茶民再也不堪承受劳役之苦，纷纷四散逃亡的情况下，这个历经元、明两代 250 余年的"御茶园"终于罢贡废园。

清代的赋税

　　公元 1712 年，清政府规定以康熙五十年（公元 1711 年）的人丁数作为征收丁税的固定丁数，以后"滋生人丁，永不加赋"。雍正帝一上台就推行"摊丁入亩"的办法，把丁税平均摊入田赋中，征收统一的地丁银。这样，人头税废除了，封建国家对农民的人身控制进一步放宽，隐蔽人口的现象也逐渐减少。摊丁入亩对我国的人口增长和社会经济发展有着重要意义。

第一节
清代的经济概况

　　清朝统治者为满族爱新觉罗氏。公元 1616 年（明万历四十四年），努尔哈赤建国称汗，国号金，史称后金，定都赫图阿拉（在今中国辽宁省新宾县境内），后迁辽阳、沈阳。公元 1636 年（明崇祯九年），皇太极改国号为清，称帝。公元 1644 年，清军打败李自成农民军，随后多尔衮迎顺治帝入关，迁都北京。公元 1911 年（宣统三年）辛亥革命爆发，清帝溥仪于公元 1912 年被迫退位，清朝灭亡。清朝自入关后，共历 10 帝，268 年。

清前期的政治经济概况

　　清初，经过明末李自成等农民起义和明与清之间的战争，经济遭受严重

破坏，而清政府实施的圈地、投充、逃人、禁海、迁界等措施，造成田园荒芜，人民逃移，社会生产凋敝。

　　面对严重的政治和经济问题，顺治元年，多尔衮提出"省刑罚，薄税敛"。顺治三年，他又提出"轻徭薄赋，与民休息"。为缓和阶级矛盾和民族矛盾，还宣布废除明末三饷加派。但由于战争仍在全国大部分地区进行，经济尚未恢复，所以，清政府的财政十分困难。因军费开支过大，又依明时旧制实行"加派"，一年多至 400 余万两。康熙帝亲政之后，采取了一系列有利于发展社会生产、与民

康熙帝

休息的政策措施。康熙十一年（公元 1672 年），康熙帝发布诏谕"从来与民休息，道在不扰。与其多一事，不如省一事"。道在不扰，实际就是恢复汉族地区原有的生产方式和生活方式，恢复封建经济。

清初主要是从以下两方面采取措施恢复经济：废除清初带有奴隶制特点的圈地、投充及逃人法；实行更名田，仿明制改定赋役制度，编审人丁，调整经济政策。

 1. 废除圈地、 投充及逃人法

（1）圈地。满族在辽东实行的是奴隶制性质的计丁授田制。清军进驻北京后，遂将京畿地区的土地，按计丁授田制，分给来京的诸王勋臣、兵丁，称为"圈地"。清朝三次大规模圈占土地，包括北起长城，南至河间，东起山海关，西达太行山的广大地区，共圈占汉人田地 146766 顷。圈地不但严重侵犯了汉族人民的利益，大大激化了京畿地区的民族矛盾，而且对这一地区的社会经济造成了极大破坏，使饱受战乱之苦的农村更加凋敝。

康熙八年（公元 1669 年），下令永远停止圈地，"其今年所已圈者，悉令给还民间"，无地旗人拨给古北口等处空地耕种，但此制未能实施。康熙二十四年（公元 1685 年）又发布了"嗣后永不许圈"的谕旨，这才结束了这项弊政。

（2）投充。满洲将士，上至诸王贝勒，下至八旗兵丁，都以打仗为职业，一般不从事社会生产。他们在京畿地区圈占了大量田地后，继续推行辽东的编庄制度，役使奴仆壮丁从事生产。一些土地已被圈占但又不愿迁移的农民，投靠满洲人为奴，称为"投充"。满洲贵族和替他们管事的庄头，更以投充为名，强迫失去土地的农民充当奴仆。

（3）逃人法。清初逃人主要有两种：一种是被逼勒的投充者；另一种是满洲官兵从关外带来的大批奴隶。由于这些奴隶是清军历年入关掳掠的汉族人民（犯罪被罚为奴或买卖为奴者只是少数），他们不甘忍受压榨，思家心切，随清军进关之后大批逃亡。这就是所谓"逃人"问题。至顺治三年（公元 1646 年），数月之间，逃人已几数万。旗下奴仆大批逃亡直接影响了八旗生计，清廷为此制定了严苛的逃人法，设立督捕衙门，督捕逃人，惩罚窝主。逃人法是一项维护落后奴隶制的法律。逃人法颁布后，并未阻止奴隶逃亡，他们逃回家乡藏匿或聚众自保，因此也带来了一系列社会问题。未逃亡的奴

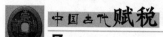
隶和投充者在编庄内形同牛马，没有生产积极性，畿辅地区的社会生产也因此而受到影响。康熙帝亲政之后，由于旗地上的租佃关系已逐渐发生了变化，清王朝于是放宽对逃人的禁令，并最终撤裁了督捕衙门。

清朝统治者停止圈地、投充，废除逃人法，实际上是宣告了在汉族地区推行落后的奴隶制的失败。在此之后，大规模霸占土地、人口的现象基本上得到了遏止。

 2. 实行更名田，改定赋役制度

清初的经济政策，主要是沿袭明制，以恢复被战乱破坏的赋役制度。

（1）更名田。实行更名田是清朝统治者调整经济政策、恢复农村经济的一项重要措施。更名田散布于直隶、江南、山东、山西、河南、湖南、湖北、陕西、甘肃等省，原是明代藩王勋贵的藩庄封地。有的荒芜了，有的被原租种的农民占有，有的则落入地方豪绅手中。康熙八年（公元1669年），下令将仍未"变价"出卖的藩田分给原种之人，令其耕种，照地征收钱粮。这些土地"改人民名"，称为"更名田"。

（2）编制赋税全书。整顿赋役制度是清政府为了改善财政经济状况而采取的一项重要措施。顺治十四年（公元1657年），户部右侍郎王弘柞将各省每年额定应征、起解、存留实数编列成帙，名为《赋役全书》。按《赋役全书》的规定，钱粮则例，俱以万历初年为准，天启崇祯时的加增，尽行蠲免。地丁则开原额若干，除荒若干。康熙二十四年（1685年），由于户口田地有所增加，朝廷重修《赋役全书》，只载起运、存留、漕项、河工等切要款目，删去丝钞以下尾数，称《简明赋役全书》。

雍正十二年（公元1734年）重修后定制十年一修。乾隆三十年（公元1765年），因全书内容过于繁杂，而奏销册前列山地田荡、版荒新垦，次列三门九则、额征、本折、地丁、起解、存留，极为明晰，令嗣后全书依照奏销条款，只将十年中新坍、旧垦者添注，其不经名目一概删除，于是《赋役全书》与奏销册合而为一。

与《赋役全书》相辅而行的，有黄册和丈量册。黄册为户口册，登载户口人丁之数，以田亩系于户下，据之以定丁税。黄册最初每年一造，康熙七年（公元1668年）命停造，以五年编审册代之。摊丁入地以后，黄册失去作用。丈量册是登载土地田亩，据以征收田赋的地籍册。此外，州县征收赋税，还有上计册籍供有司查核。清初，上计有赤历册（登载钱粮收数，由纳户自填）、会计册（登载解部之款）和奏销册等。康熙初，令停造赤历册和会计册，专以奏销册上计。

（3）编审人丁。顺治五年（公元1648年），户部查照明代黄册制度旧例，行文各地编审人丁。凡男子16岁以上即以成年入籍，60岁以上即以年老开除。但也有少数省份如浙江、福建、江西、广东，仍沿明代旧制，向妇女征收盐钞银。还有一部分人，如享有优免权的官绅，依附于主人的奴仆，虽属16至60岁的男性丁壮，也不在编审之列。从顺治十二年（公元1655年）起，朝廷规定各地按明代旧例，或三年编审一次，或五年编审一次，以便及时反映不断变化的人丁状况。但是，由于编审项目过于繁琐庞杂，各地很难严格执行，往往以造册人的主观臆测上报，并层层敷衍。

清中期的政治与经济概况

清自嘉庆以后，由于统治阶级耽于安逸，吏治腐败，土地兼并，人民生活日趋艰难。在对外方面，疏于防范，武备不修，国门难顾。至咸丰、同治时，内有农民起义，外有西方列强入侵。这种情况，当时被龚自珍称为"衰世"。

为巩固统治，清王朝一方面处置了和珅等贪官污吏，另一方面也采取某些安置流民的措施，以缓和日渐激发的阶级矛盾，如在苗疆开屯田十二万亩，给无地苗民、汉民耕种；下令汉官不得擅派差役；并在苗疆设义学、书院，扩充苗民科举名额。这类政策调整对于社会经济的恢复发展起到了一定积极作用，手工业部门中的资本主义萌芽因素仍在缓慢发展，人口也还在继续增长。嘉庆十年（公元1805年）人口为3.32亿多万，35年后即道光二十年（公元1840年）人口为4.12亿多万，增加了8000多万人口。这在某种意义上表明鸦片战争前的30多年里社会还是在继续发展的。

但在鸦片战争后，割地赔款，生产力遭受严重破坏，社会矛盾迅速激化，国库空虚、财政拮据。乾隆中期国库存银曾至7000万两，而至道光二十一年（公元1841年）竟亏银900万两。

这一时期，国家收入体系发生了新的变化。虽然田赋仍维持其领先地位，但盐税、关税（包括正税和附加）日益显示了其重要性。道光朝耆英奏称："理财之要，以地丁、盐课、关税为岁入之大端。"

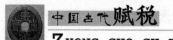

 清后期的政治与经济概况

 1. 实行更名田，改定赋役制度

清朝的内河航运

鸦片战争以后，随着丧权辱国条约的签立，中国社会逐步向半殖民地半封建的社会演变。早在16世纪初，西方一些国家就开始到中国进行海盗式的掠夺。但直到18世纪以前，他们还处在资本的原始积累时期，还不具备大规模入侵中国的力量。18世纪中叶以后，英、法、德、美等国先后进行了产业革命。工业生产的飞速发展，新式交通工具的使用，使他们输出商品的能力和欲望大大增加了。英国资产阶级在巩固了对印度的殖民统治以后，变中国为殖民地的欲望更加迫切。

清朝政府为防御海盗式的掠夺，保护封建经济，实行了一系列消极的闭关锁国政策。英国资产阶级即以极端罪恶的手段向华输出鸦片，在获取巨额利润的同时，毒害中国官民身心健康；又联合外国列强（侵略者）多次发动对中国的侵略战争，迫使腐败的清政府签订丧权辱国的条约，从中取得在中国开商埠、辟租界、管理海、开矿、设厂、造铁路、办银行以及在中国沿海和内河自由航运等特权。中国财政经济的命脉逐渐为他们所控制，财政、经济等自主权亦随之逐渐丧失。

 2. 清代后期的社会经济

鸦片战争以后，外国列强相继在中国设厂开矿，扩大商品输出和资本输出。三管齐下，使中国自给自足的封建自然经济逐步解体。对此，近代改良主义者郑观应在《盛世危言》一书中做过如下评述：洋布、洋纱、洋花边、洋袜、洋巾入中国，而女红失业；煤油、洋烛、洋电灯入中国，而东南数省之柏树皆弃为不材；洋铁、洋针、洋钉入中国而业冶者多无事投闲，此大者。尚有小者不胜枚举。所以然者，外国用机制，中国用人工，华人生计，皆为外人所夺矣。外国侵略者在大量输入商品的同时，又控制了中国的农产品市场，大量掠夺农产品。农民在家庭手工业受到破坏后，不得不种植市场需要的茶、棉花、大豆、烟、桑等。据粗略统计，从 1843 年至 1894 年的 50 多年时间里，外国列强在中国相继设立的企业就有 191 个，工业资本将近 2000 万元。清政府洋务派官僚曾国藩、李鸿章、左宗棠等在"自强"的口号下，创办了军事工业，设立机器局，制造洋枪洋炮和轮船。19 世纪 70 年代以后，洋务派在"求富"的口号下，兴办了一些民用工业和开矿事业。其经营形式有官办、官督商办、官商合办三种，主要是官督商办。官督商办的企业享有某些特权，如拨借官款、免税、减税和专利垄断等。它们在生产和经营方面有着民族资本工业无法比拟的优越条件。

中国民族资本主义工业出现较晚，19 世纪 70 年代才有部分商人和地主官僚投资于近代工业。这些企业一般规模较小，投资不多，以轻工业为主。由于民族资产阶级自身力量薄弱，不能不依赖外国资本主义和本国封建政权，企业的机器和原料要向外国购买，技术人员要向外国聘请，有的企业还要向外国借资金，开办企业要取得政府和官僚的支持，否则就难以办成。因此，只好在帝国主义和封建政权的夹缝中生存。民族资产阶级既具有与外国资本主义和本国封建主义斗争的一面，又有妥协的一面，带有半殖民地半封建的色彩，但毕竟代表着当时中国社会发展进程中的一种新的生产方式。

 3. 清后期赋税的特点

鸦片战争以后，随着中国变为半殖民地半封建的社会，赋税的性质也发生了变化，由独立自主的封建赋税演变为半殖民地半封建的赋税。清后期的赋税具有以下特点：

（1）加重旧税开征新税。马克思曾对鸦片战争以后中国繁重的赋税做过这样的论述："1840 年不幸的战争后所要付给英国的赔款，巨大非生产的消耗，鸦片贸易引起的金银外溢，外国竞争对本地手工业制造业的破坏性影响，国家行政的腐败状况——这一切，造成了两个结果：旧税更加繁重而难以负担，

三元里抗英雕塑

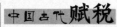

旧税之外又增加了新税。"加重旧税、开征新税是清后期赋税的主要特征。

（2）税收作为外债担保。由于赔款转为外债，按期偿付赔额和息款，清政府被迫以税收作为担保品。从1858年中法《天津条约》规定清政府对法赔款可用关税"会单"偿付开始，到"庚子赔款"时，常关税和盐税也充作担保品了。而且，还允许债权银行到海关去收税。这样，作外债抵押用的关税便完全受外国"债权人"控制了。

（3）关税自主权丧失。外国侵略者通过与清政府签订不平等条约，先后夺得了中国海关行政管理权、关税的支配权和保管权。由此，中国的关税自主权彻底丧失。

第二节
清朝的赋税制度

"摊丁入亩" 和 "地丁银"

明末清初，大规模的农民起义斗争给封建统治阶级以沉重的打击，使清初的统治者对农民颁布一些让步政策，采取了一些有利于发展生产的措施：例如"更名田"，把一部分明代各地藩王所占田地还给原种人，招民垦荒；"蠲免赋税"，凡荒废土地之田赋，不管有无主家，一律免税，其他人口逃亡，见在丁不必包赔丁赋等，这些规定对生产的恢复及发展起到了一定的作用。

清初虽然沿用了明代一条鞭法的赋税制度，把部分的丁银摊到田亩上征收，但丁银制度仍未废止，这样农民负担仍是很重，不断反抗、逃亡，地方官吏怕朝廷催迫，往往多留少报，这样丁银征收不断减少，这使清王朝深感丁额不足。

为此，清王朝就于康熙五十一年（公元1712年），宣布以康熙五十年

（公元 1711 年）全国的丁银为标准，即按人丁 2462 万余口，丁银 335 万余两，分配征收丁赋，以后额外增丁，不再增征丁银，还规定人丁缺额的以本户新添者抵补；不足的，亲戚丁多者，或同甲粮多之丁补之。但"额丁子孙多寡不同或数百丁承纳一丁，或一丁承纳一二十丁"，也有绝户无人承纳，加上地方官吏互相勾结，贪污、挪用、逃避，丁银收入仍十分不稳定。

清政府只好在康熙五十三年（公元 1714 年），先在广东、四川两省试行，将丁口之赋摊入田赋税之中一并征收"摊丁入亩"。

至雍正五年（公元 1727 年），清政府正式下令，把康熙五十年（公元 1711 年）固定下来的丁银（335 万余两）摊入田赋银中一并征收。一地方的丁银，平均加到这个地方的田赋之内，不论地主、豪绅都得纳税，这种把丁银摊入田赋银中一并征收的赋银，称为"地丁银"，这种赋税制度称为"地丁制"。

雍正七年（公元 1729 年）"地丁制"始推广到全国各省。各地方的丁银，按各地方的田亩均摊，据康熙六十一年（公元 1722 年）的统计，全国有耕地面积 851 万余顷，大约"亩派一厘一毫至六分二厘九毫不等，则以各州县额丁众寡互殊，按亩均摊，不能划一也"。在课纳时是加到田赋银中一并计算的。从全国范围来看，丁多地少之处，地银一两应加丁银一、二钱，在丁少地多之区，每两地银不过增至分厘，所以并不统一。

除了"地丁银"外，还有"火耗""漕折"等额外加征。"火耗"是由明沿袭下来的，主要是由于税银成色不足，及熔铸时的损耗等，需要额外加收，以抵补此损耗，故称之为"火耗"，实为官吏剥削人民的新花招。在康熙时每两税银要加征火耗一钱（个别地有加收 1 钱以上，甚至 4—5 钱之多）。至雍正二年（公元 1724 年），清政府正式规定把"火耗归公"，改为田赋的附加税，连同正额一起入库。"漕折"是在征收漕粮中多收的折色。漕粮主要是向山东、河南、江苏、安徽、浙江、湖北、湖南、奉天等省征收的米豆转漕（用船运输）京师，故谓之漕粮，它可以折成银两交纳，包括沿途运漕费用、损耗等在内。因此，每石折银一两六钱八分，所折的银钱实际上已大大超过了当时的粮价之数。这些，实际上都无形中加重了农民的负担，初行"地丁银"时所谓"永不加赋"已成空话。清朝政府除了征收上述"地丁银"及附加税外，还开征盐税、茶税、矿税、牙税、当税、关税等工商税收。

尤其是清朝政府为了镇压太平天国运动军事开支及鸦片战争以后对西方列强的巨额赔款，以至于在财政上更加困窘。因此，清朝政府越来越在税收上大做文章，不断开征"随粮捐""铁路捐""学捐""地方自治捐"等苛捐杂税，这些都成为田赋的附加税。这些附加税，在有的地方竟达到田赋（地丁银）的十多倍。

从财政收入的角度看，清朝政府采用"摊丁入亩"和"地丁银"等措施，使财政收入比较稳定，同时也逐年增加，例如在"摊丁入亩""地丁银"制度推行前的顺治十七年（公元1660年）全年财政收入只有25664223两银，而至"地丁银"推行后的乾隆五十六年（公元1791年），全年财政收入已达到4359万两。

由于"摊丁入亩"和"地丁银"制度的推行，使无地、少地的农民相对减轻了一些负担，同时清朝政府还规定：不论官绅富户，不分等级，一律要依例纳税，这些做法也使税收负担较以前平衡，使封建国家对农民的束缚也有所削弱。更重要的是从赋税史上来看，由于实行"摊丁入亩""地丁银"制度，使我国封建历史上几千年的人头税基本上被废除了。

厘金

清王朝为了镇压太平天国运动需要庞大的军事费用，因此只好在税收收入上"动脑筋"，除了开征各种田赋杂税外，还新增了一个新税种——"厘金"，即对日用百货物品所征收的一种通过税，以其规定价值，每一两银的价值政府抽收一厘，故名之为厘金。这个新税种"厘金"的前身是，林则徐在新疆戍所办理流屯时所创的"一文愿"，以自愿的形式，人捐一文钱，积少成多以助军饷。

洪江古商城厘金局店铺

后至咸丰三年（公元1853年）由副都御史雷以诚在扬州设局劝捐助饷，其办法是，预先请户部颁发部照千余份，随捐随给执照。后改为"劝谕米行，捐厘助饷"——"捐厘"即每石米捐钱50文，每升捐半文。咸丰四年（公元1854年）初行于江苏省，后陆续推行各省，至咸丰七年（公元1857年）遍行全国，至同治三年（公元1864年）把这临时筹款办法定为经常性的正税——"厘金"。

"厘金"征收办法，分为行厘（亦称活厘）和坐厘（亦称板厘）两种，行厘征收对象是行商，坐厘征收对象是坐商。按所经营的货值，以1%的税率征收。有的货物计值征收不方便的，为了便于计算，节省手续，亦可从量抽厘。

其征收机关称为捐局，原多设于交通要道，各州、府、县所在地。后凡水陆通行，乡村小径都遍设抽厘，重叠征收，商贾在发货之地已抽厘，到卖货之地又抽厘，以货易钱之时，又按钱数抽厘，后连行人随身所携带的盘缠也要抽厘，进一步加重了人民的负担。平均每年抽厘可达1000万两银左右，成了清朝的很大一项财政收入。

 ## 关税

清朝关税所包括的内容可分为两部分，即常关税和海关税（亦称为洋税）。

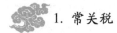 ### 1. 常关税

主要征收的内容有：正税、商税和船料税等。它是在内陆边境、道路要津及江河口岸征收的，征收的对象为过往的货物和船舶。

（1）正税是在产地出境时对货物征收的一种货物税，是按出境货物价值而进行征课的，因货物品种的不同，其税率在10%—20%之间不等。

（2）商税则是在货物过关卡时征收的，关税中的商税其实是商税中的"过税"。它是按货物价值为依据计算征收的，其征收标准虽各关卡有所不同，但大抵上是以5%的税率为准计算征收的。

（3）船料税（亦为船钞或船税），是对过关卡的运输船舶进行征收的一种税收。它是按船舶的梁头大小而征收，其征收的对象是船而不是货物。主要是对本国商船征收，其征收标准为，每船梁头5尺以上至1丈，每尺征收船料税银5钱；1丈以上至2丈，每尺征收船料税银1两；2丈以上者，每尺征收船料税银2两。

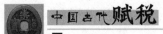

 2. 海关税

海关税是对海岸关口进出口货物和船舶征收的一种税（当时海关税亦称为洋税）。清朝的海关税是在康熙二十三年（公元 1684 年）才开始征收的，当时先在福建、广东两省开征。康熙二十八年（公元 1689 年）增加江苏、浙江两省，合计当时全国有四个省征收海关税。清朝的海关税征收内容主要包括：吨税、进出口税、子口税、复进口税、鸦片厘金等五项：

（1）吨税又称为船钞，是各通商海岸向进出口船舶所征收的税。清朝前期按船的大小分等级征收，鸦片战争以后改为按吨征收，故称"吨税"。初行时，不分等级只按每吨征收吨税钞银五钱，至第二次鸦片战争期间的咸丰八年（公元 1858 年），中英缔结《天津条约》，条约中的第二十九款规定，英国商船应纳的吨税，按 150 吨以上的船舶，每吨征收吨税钞银四钱。150 吨及 150 吨以下船舶，每吨缴纳吨税钞银一钱。从此，吨税便开始按等级进行征收了。

（2）进出口税：进口税是在洋货进口时征收的，出口税是在本国货物（土货）出口时征收的。

清朝道光二十三年（咸丰八年 1843 年）六月签订的中英《虎门条约》中，议定五港通商章程的进出口货物纳税一款中规定：凡系进口出口货物的，通过五口（广州、福州、厦门、宁波、上海）一律按新定则例征税，即按 5% 的税率征收关税，此外其他各项规费，丝毫不可增加。当时的出口货物分为 11 类，税目 68 种；进口货物 14 类，税目 66 种，课税标准采用从量征收。凡出口货物中若无法或不能计量，亦可估算价值进行征税，即每百两价值抽出口正税五两。

这个 5% 的关税税率与鸦片战争前的税率相比，税率降低了 67%。这使清朝成为当时世界上关税税率最低的国家。

（3）子口税，亦称为子口半税，因是对通过内地各关口的土洋各货进行征收的税收，故又称之为内地通过税。清咸丰八年（公元 1858 年）中英《天津条约》规定：对洋货征收子口税，代替内地所征收的厘金。即英国商人无论是将洋货运往内地还是从内地买货出口，只需按 205% 的税率征收一道子口税，就可免纳其他任何税捐，运遍全国。在关口已纳过关税及规定的子口税的英国货物交由中国商人遍运天下，沿路所经过的税关也不得加重税例，只照估价则例若干，每两加税不过某分。

（4）复进口半税，即沿岸交易税，土货由一通商口岸转运另一通商口岸，除纳正税外，还须在起运口岸交纳一道复进口半税，其税率为 2.5%，这批货物如在三个月内复出口运往外国，同时确系原包原货，并无拆动、抽换情形的，海关即将所征收的复出口半税退还货主。如果三个月外后未出口，或虽未超过期限，但货物已拆动、抽换或在到达口岸已出售者，则其原所征收的复出口半税，不能退还。这些货物以后（指逾期或拆动）再出口时还要重新交纳出口关税。至清朝同治二年（公元 1863 年），将上述限期三个月延长至一年时间，纳税地点也由原来的起运口岸改为转运到达的口岸交纳。

（5）鸦片厘金，原清朝厘金中没有这项内容，它是仅指对洋商进口的鸦片征收的一种厘金，这项规定最早是在咸丰五年至六年（公元 1855—1856年）间，由东南各省奏请对鸦片进行抽厘的，以充军饷，首先由上海定以每箱鸦片抽厘 24 两银，其中 20 两拨付军需，4 两作为征收等办公经费。

到光绪二年（公元 1876 年）中英签订《烟台条约》时，正式规定为英商运鸦片的进口关税与内地厘金一并在海关缴纳。直至光绪十一年（公元 1885年）中英在伦敦签订《烟台条约续增专条》时，才规定鸦片进口时，每箱除征收正税（海关税）30 两外，征收厘金 80 两，纳完上述税厘后的鸦片由货商凭税单运往内地销售，中途不必再缴纳任何捐税。从此，鸦片厘金便成为清朝厘金收入中的主要收入之一。

清朝政府对关税的征收实行按关口分配征收任务，对完成关税任务的情况实行按年审计考核的办法，对完不成征收任务的关口税官分不同情况给予处罚：凡完不成关税任务，其缺口在 5% 以下的，关口税官的薪水要相应降低 5%；凡任务缺口在 5%～50% 者以下者，要降职调任，凡任务缺口达到 50%者，关口税官要革职。这些处罚措施显然加强了关税的征收管理，关税也在逐年增加，成了清朝税收收入的三大支柱之一。关税在清朝的国家财政收入中占有相当大的比例，例如：在道光时（鸦片战争前）全国税收收入额是 45176121 两银，其中关税就有 4352208 两，约占全部税收的1/10。

鸦片战争

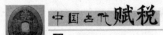
鸦片战争后，开放五口通商使海关税不断增加，使清朝政府的关税收入成倍增长，至同治末年，清朝政府年征关税达 1400 余万两，已占当时全国税收收入的 1/5。

鸦片战争的炮声，打破了清朝的闭关政策，进出口的货物大量增加，西方殖民者纷纷涌入，倾销商品，掠夺中国的原材料，这一方面使清朝关税的征收不断增加，但随之而来的是清朝海关主权的丧失。道光二十二年（公元 1842 年）中国近代史上第一个不平等条约——《中英南京条约》的签订，规定中国海关所征收的进出口货物的海关税税率必须要由中英双方共同议定。英货运入内地不许任意增加税收。随后，法、美等殖民国家纷纷效尤英国用各种手段压低清朝的关税税率。例如进口的六种毛织品税率（粤海关实征税率）从 45.93%，压低到 6.95%；出口各种茶叶，税率从 30.89%，压低到 12.87%。

道光二十三年（公元 1843 年）六月签订了中英《虎门条约》作为《南京条约》的附约中的《协定税则》，把中国的关税税率进一步压低。即不分商品的品种，亦不分出口或是进口的货物，关税税率一律按 5% 征收。从此，清朝的关税税率成为当时世界上最低的关税税率。

咸丰八年（公元 1858 年）签订的《中英天津条约》，对清朝的内地关税（子口税）又做了限制——洋货进入内地或洋商从内地购货运出口，只征一道 2.5% 的子口税便可运遍全国，不必像中国商人那样逢关征税，遇卡抽厘。

海关关税管理事宜原由清朝政府任命海关监督管理，后由于清朝政府邀请外国人帮办税收，各海关口由一位外国人担任税务司，名曰协助海关监督管理关税，实则使中国海关主权殖民化。尤其是在咸丰九年（公元 1859 年）英国指派李国泰担任清朝的（海关）总税务司，同治二年（公元 1863 年）英国人赫德继任总税务司，至宣统元年（公元 1909 年）去职，这前后近五十年的时间里，清朝的海关主权完全操控在了外国（英国）人的手里，其海关主权也就丧失殆尽。

 **盐税**

清朝盐法基本上是效仿明代的制度，实行后略有增补。当时的盐产品主要有：海盐、井盐和池盐。产区主要有：长芦、奉天、山东、两淮、浙江、

福建、广东、四川、云南、河东、陕西等十一区，实行按产区限地供应。例如：当时福建产的盐，行销福建浙江两省，其在台湾（当时属福建管辖）的产盐除供应台湾外，亦运销日本。

清朝的盐政（包括盐税）原属户部管理，由户部尚书兼任督办盐政大臣，后改为总督巡抚管理，下设都转运使，巡盐御史配合盐法道（有的地方称为盐粮道或盐茶道）进行管理。盐的运销方式主要是：官督商销、官运商销、商运商销、官运官销、官运民销、商运民销、官督民销。上述七者中，惟有官督商销行之最广。因此，当时征税的主要对象是盐商，它又分为场商和运商两类，场商主要是收购盐，运商主要是运销盐。

清朝的盐税征收内容主要为场课和引课，场课又可分为滩课、灶课、锅课、井课，它征收的对象是盐的生产者，不同盐种分别按盐滩面积、盐井数量或煮盐灶、锅数量征收，大都合并入地丁银征收入库。引课（亦称盐引）含正课（是包商交纳的盐税）、包课、杂课（亦称为引课的附加税）征收对象是盐商，它是按引征税，"引"是计量单位，清初定每引盐为 200 斤，后由于执行中，根据当地的一些特殊情况（例如滞销或自然灾害等）有的地方采取增加每引的数量，但不加税，造成各地执行不一。至清末，每引盐自 240 斤—800 斤不等。边盐或离场较远的盐，尚无准购证（即无商支令）每 800 斤可折交布 3 丈 2 尺，后改征银三钱，谓之"布盐"。

盐商购盐必须要事前向政府领取准购证（支单，亦称照单、限单、皮票），并持此购盐。购盐后得将所购之盐存放于政府指定的仓或坨，还得经过政府派员检查。未经检查者为生盐，经过检查的为熟盐，然后才可以发售。

清朝政府除对盐征收正税外，还要征收盐厘，它包括出境税、入境税和落地税三种。原为逢卡抽厘，每引盐大约抽厘银 15 两之多，后至同治三年（公元 1864 年）改为到岸销售后汇总完厘，税负明显比过去轻了，但各地情况不一，因此税负也不一。如当时的楚岸每引盐抽厘 11 两 9 钱 8 分，两岸每引抽厘银 9 两 4 钱 4 分，而安徽每引盐抽厘仅 4 两 4 钱。

此外，还要征收盐斤加价，它是中央地方共享税，清朝政府光绪三十四年（公元 1908 年）下令各省每斤盐加价四文钱，一半上缴度支部（相等于现在的财政部），抵补练兵经费；另一半划归产盐省份，作为地方财政收入。

由于清朝政府对盐税征收管理较明代更加严格，虽各地征收过程中有增加每引数量而不增课税收的优惠政策，造成每引盐的征收各地不一，同时也产生了全国各地税赋不一的情况，然而这种措施对盐的商经营积极性起了一定促进作用，使购引者日增，盐税也随之增加。顺治初行盐税，全国仅170万引，征盐税仅56万多两银，至光绪末所征收的盐税与盐厘合计达2400百多万两，仅此就增加了1800多万两，是原来盐税的4倍多。

 **茶税**

清朝茶法秉承明制，把茶叶经营分为三类，一是官茶，主要用于储运到边关地区换取马匹，当时主要交换地在陕甘一带；二是商茶，即茶商运销的茶叶，按引征税，亦称"茶引"；三是贡茶，是向中央政府和皇帝进贡的用茶。

因此，清朝征收茶税的主要对象是商茶，由政府招商发引，然后按引进行征税，每100斤为1引，不及100斤的零头部分政府另给"护帖"。"引、护帖"也就成了纳税证明，用过的"引"及"护帖"一律要回收上缴，不得重复使用。政府还设卡检查，盘查往来民众，凡夹带私茶10斤以下者不问，10斤以上且以无官引（纳税证明）者一概按律论罪。

茶税的征收管理，清初承明制，设巡视茶马御史进行管理。后改为由各省总督管理，设盐茶道或茶引批验大使行使茶税管理工作。清初至嘉庆前茶叶主要还是以国内市场供应为主，销量不是很大，税赋也比较低。农民亦仅视茶为农闲时的副业，在空隙之地种些茶叶，生产也不成规模。其征税标准按康熙六十一年（公元1722年）规定的每百斤茶征税1钱2分5厘。至于盛京、直隶、河南、山东、山西、福建、广东、广西等政府均不向茶商颁发"引"，亦不征税。仅在茶商运茶到境，经由过关口时，才纳税或略收落地税。嘉庆以后，清朝渐与西方国家通商，茶务才为之一变，茶叶市场也发生了根本性变化，全国形成了三大茶叶出口市场——汉口、上海、福州。上海之茶多以绿茶为主，多运往欧美各国；汉口以茶砖为主，多运往俄罗斯；福州之茶以红茶为主，多运往美洲及中南亚各国。这使得当时的茶叶生产有了长足发展，

茶砖

经营茶叶的茶商亦大大增加，且咸丰以来各省又相继开征茶厘，有的地方还开征茶捐，使茶叶税收及税负（征收标准）都有很大增加。例如：咸丰九年（公元 1859 年）江西规定茶叶分别征收茶厘和茶捐，每百斤茶叶除境内抽厘 2 钱，出境又抽厘银 1 钱 5 分，另外还向产茶或设立茶庄处劝办茶捐每百斤（一引）捐钱 1 两 4 钱或 1 两 2 钱不等。

同治十三年（公元 1874 年），清政府为了适应茶叶市场的发展，以及出口茶叶增加、运销的频繁，决定"以票代引"进行运销，不分各省商贩，均令先缴纳正税，始准给票，其他杂课归并厘税项下征收，其他杂课均给予删除。运销内地者，每百斤照纳正税 3 两外，还要在行销地交纳厘税 1 两数钱，最多不超过 2 两。出口的茶叶则在边境局卡加完纳茶厘一项，以示区别。至于经营茶叶的洋商只要交纳子口半税，就可运销各地不再抽厘。清政府由于采取上述茶叶税收政策，促进了当时茶叶市场的繁荣与发展，仅光绪八年（公元 1882 年）出口茶叶就达到 1.9 亿多万斤，茶税收入成为当时清政府的一项重要财政收入。

但好景不长，由于茶叶经营获利甚厚，印度、法国、日本、越南也纷纷学习种茶，其在制造技术上超过当时清朝的民间制茶技术，其所产的茶叶也纷纷在国际上与清朝争夺市场，使清朝的茶叶出口量呈逐年下降的趋势，至光绪二十二年（公元 1896 年）仅清朝出口英国的茶叶从 89.8 万石就降至 31.94 万余石，茶叶出口减少，影响到生产者、经营商的利益，也使清朝政府的财政收入受到影响。因此，出现茶商经营受困，积极性不高的情况。于是，清政府在光绪三十年（公元 1904 年）决定取消茶厘等政策，减轻茶叶的税赋，这相应保护了茶叶生产的积极性及出口的竞争能力。

洋药税

西方列强的枪炮打破了清朝闭关自守的经济格局，经济决定税收，致使清朝出现了前所未来的税种，例如洋税（海关税）、厘税及洋药税等。

吸食鸦片

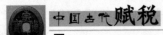
道光初年，英国人最早把大量的鸦片运入中国（先运存香港，然后再运至大陆各口岸销售），后法国等相继向中国运销鸦片，致使清朝的白银大量外流。道光十四年后的几年时间，仅广东一省每年平均外流的白银就达 3000 多万两。此外，其他海关口外流的白银合计也可达数千万两。政府也曾派员禁烟，例如钦差大臣林则徐于道光十九年（公元 1839 年）在虎门销毁英国鸦片 2.088 万箱。但由于清朝政府的腐败无能，致使洋鸦片禁而不绝，只好用征税的办法减少鸦片的运入，同时又可增加财政收入，应付军需支出。因此，清政府于咸丰八年（公元 1858 年）对外国运销中国的鸦片开征"洋药税"（当时称洋鸦片为洋药，本地产的鸦片为土药），规定凡外国运销贸易的鸦片每百斤纳税银 30 两，只在口岸销售。后清政府为了禁止民众食用，对鸦片进行加税，想用加税的办法提高鸦片价格、减少食用量，于咸丰十一年又规定：每百斤鸦片除征收税银 30 两外，加征厘金 80 两，合计税厘 110 两。土药（土鸦片）不论价之高下，每百斤征厘 40 两。

然而，鸦片走私情况越来越严重，从同治十三年至光绪四年（公元 1874—1878 年）这五年间，平均每年到港鸦片达 8400 箱至 9600 余箱，运销各口有纳税的仅有 6500 箱至 7100 余箱，五年间偷税鸦片总计达 2 万数千箱，偷税情况十分严重。同时鸦片已给当时的中国造成了极大危害，为此光绪皇帝锐意图强，于光绪三十二年（公元 1906 年）下旨："限十年将洋药革除净尽，鸦片为害生民，禁止进口，吸食及种植"。除医药需用之鸦片减按 5% 的税率征收纳税外，对洋鸦片税厘并征，每百斤加征 250 两白银，土鸦片每百斤加征 230 两白银。由于采取了税收上的一系列措施，对当时鸦片的泛滥起到一定的遏制作用。

杂税

清朝的税种比较多，除了上述几个大税种外，还有很多杂税及地方规定各种杂捐，其主要有木植税、契税、牙税、当税、炉税、房捐、烟酒税、门摊商税等。

（1）木植税：是专门对竹、木等植物类征收的一种货物税，它是在顺治十一年（公元 1654 年）开征的，刚开征时税率定为 20%，后于康熙二十八年（公元 1689 年）其税率降低为 10%。

清朝的房屋交纳房捐

（2）契税：契税在清初就已开征，清朝前期的契税规定：对民间典卖的田地、房屋及山场园林等不动产，一律按契约上所记载的价值征税，税率为3%。除征收正税外，还要征收附加税，如每两价银要征火耗银等1厘至3厘，解费3毫至5毫不等。

宣统以后，清朝政府把契税按典和卖的不同情况分开征收，同时提高了契税税率。典契税按典契上记载的价值，依6%的税率征收契税。卖契税按卖契上记载的价值，依9%的税率征收卖契税。到清末，有些地方除了征收上述契税正税和附加外，又增加了征收"契尾捐"等杂捐，归地方开支的需要。

（3）牙税：牙税起源于清初，是对牙户征收的一种税收，所谓的牙户是指民间专门从事商业中介，如货物交易、评定价格、代为过付货及货款的人。充当牙户的人，必须要向当地政府申请登记，由当地政府发给司帖（相当于现在的营业执照）后方可开业。牙户所纳的牙税分为两种：一是帖费，即在取牙帖（执照）时缴纳。二为年捐，按年缴纳，根据其营业的大小，分成若干等，年纳牙税数两至数百两不等。

（4）当税：是对开设典当业务的商户征收的一种税，当税亦源于清朝初期，是按户定期定额纳税，即每个典当铺，每户每年交纳若干两银税收。税收定额由各省自定，凡开设当铺商户必须要向地方政府提出申请，说明其开设场所，典当限期，典当价值限额，时限及担保情况，然后经地方政府核准后，方可开业。典当利息由政府规定。

（5）炉税：是对炉户征收的一种税，炉户主要有两种，一是开炉冶炼钢铁的炉户，另一种是开炉制作钢铁器具的锅炉户。对炉户所征收的炉税，是按户定期定额征收，但两种炉户的课税标准不同。如福建，当时对冶炼铁的炉户每年每户征收炉税10两银至14两银不等。制作铁器具的锅炉户每年每户缴纳炉税5两银。

（6）房捐：清朝的房捐（即房产税），是源于唐代的"间架税"，是对房屋征收的一种财产税。是于清朝光绪二十八年（公元1902年）才开征的，由户部通令各省政府清查各城乡市镇的铺户行店情况，然后按房屋租价，每月依10%的税率征收房产税，征收范围仅限用于开店铺的房屋，由房主和租户各负担一半房产税，自有而自住的房屋免征房产税。

（7）烟、酒税，清朝初期没有对烟酒征税，后有对民间的酿酒课征酒税，但也只有一部分地区进行，且征收量很少，直至乾隆年间才由各常关全面开始对烟酒进行课税。该项收入为中央收入，各地征收后，集中专项汇解中央。清咸丰三年（公元1835年）开征厘金。因此，亦开始对烟、酒征收厘金，亦分为行厘、坐厘分别按货值的1%征收。

（8）商税：清朝的商税，主要有：通过税和落地税两部分。从清初起就已开征，清朝政府在各水陆要津设立关卡，征收通过税，这实际上是内地关税，故通过税亦称为内地关税，基本上并入常关税。其征收税率为5%，其税收收入归属于中央收入。

（9）落地税，亦称为门摊商税（沿用明代的办法），是对集市、乡镇的货物买卖进行征税的。其征收办法为值百抽一，即按货物买卖价值依1%的税率征收。该税属地方税种，征收面极广，包括农民、小贩上市销售的农副产品，不论价值大小均要征税，其收入归地方政府所有。

清初为了加强中央集权，这些地方税收入也要集中到中央政府，后由于各地督抚势力逐渐扩大，中央也就管不了这些地方税。因此，除烟酒税外，其他地方税收入均归地方所有了。

除上述杂税外，清朝各地方政府还开征了数不完的杂捐杂税，如：猪捐、渔船捐、河沟税、车糖税、炭税、铁路随粮捐、米谷捐、戏捐等等。各地方政府出于开支的需要，巧立名目，使杂税苛捐多如牛毛，人民苦不堪言。

第十一章

历代名人赋税观与赋税机构

古代社会各阶级各阶层的代表人物，从其本阶级的利益出发，提出了各色各样的思想主张，相互辩论，形成了历史上的"百家争鸣"局面。他们不仅提出了形形色色的政治主张，而且也提出了种种税收理论，极大地丰富了赋税观点。

中国历代政府为行使国家征税权力而设立了职能机构。税务机构的设置，必然要以适应农税、盐税、商税的征收方便为主。

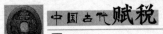

第一节
历代名人的赋税观

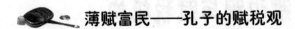

薄赋富民——孔子的赋税观

孔子（公元前551—公元前479年），是春秋末期的鲁国陬邑人，名丘，字仲尼，是我国历史上著名的思想家、政治家、教育家，儒家学派的创始人。

孔子从他的礼治思想出发，非常重视道德礼乐教育对于治理国家的作用。在经济思想方面，孔子特别强调"富民"的重要性，他认为治理国家最重要的是四件事："民、食、表、祭。"在有了足够的人口以后，就要"富之""教之"。孔子循着富民思想的轨道，必然会得出薄赋敛，倡节用的结论。在税收问题上，孔子一贯主张什一而税（征田税），此外不能再增加别的杂税了。

孔子反对履亩而税，主张什一而税。他说："初税亩。初者何？始也。税亩者何？履亩而税也。初税亩何以书？讥。何讥尔？讥始履亩而税也。何讥乎始履亩而税？古者什一而籍。古者曷为什一而籍。什一者天下之中正也，多乎什一，大桀小桀，寡乎什一，大貉小貉，什一者天下之中正也，什一行而颂声作矣。"

孔子痛恶横征暴敛，史上就有这样的记载："季氏富于周公，而求（冉有）也为之聚敛而附益之。子曰：非吾徒也。小子鸣鼓而攻之，可也！"即是说，冉有本是孔子的学生，因替季孙氏搜刮钱财，孔子不再承认冉有是自己的学生，并且还命令其他学生攻击冉有。

孔子强调"富民"的重要性，在税收上主张薄取，反对滥征，这对生产的发展是有积极意义的。但是孔子在田税的征收上反对履亩而税，主张什一而税，无疑是主张税制的倒退。这种倒退是不可能的，因为什一而税的基础和前提条件是"井田制"，春秋战国时期，井田制已逐渐被土地私有制所代替，在土地私有制的条件下用什一而税的方法征税，这是削足适履。

轻税缓征——孟子的赋税观

孟子（公元前372年—公元前289年）是战国中期著名的思想家、政治活动家，儒家的主要代表人物。他除了一度任齐宣王的客卿外，主要活动是游说诸侯，传授弟子，宣传自己的政治主张。孟子的足迹遍及宋、齐、魏等国。孟子认为，要想发展封建社会生产，必须要保护农业劳动力，反对统治阶级"率兽而食人。"孟子还认识到了社会分工的必要性，他对价格的作用也相当重视。

总之，孟子主张免征苛捐杂税，反对横征暴敛、竭泽而渔的赋税制度，同时也反对施"仁政"过分轻征的赋税制度。

在税收上，《孟子·公孙丑》曰："市，廛而不征，法而不廛，则天下之商皆悦，而愿藏于其市矣；关，讥而不征，则天下之旅皆悦，而愿出于其路矣；耕者，助而不税，则天下之农皆悦，而愿耕于野矣；廛，无夫里之布，则天下之民皆悦，而愿为之氓也。信能行此五者，则邻国之民仰之若父母矣。率其子弟，攻其父母，自有生民以来未有能济者也。如此，则无敌于天下。无敌于天下者，天吏也。然而不王者，未之有也。"由此看来，孟子主张除田税外其他各税尽行免征，这样才有利于国家的兴盛。

对田税的征收，孟子主张采用"助""彻"之法，《孟子·滕文公》曰："夏后氏五十而贡，殷人七十而助，周人百亩而彻，其实皆什一也。彻者，彻也；助者，

孟子墓

161

借也。龙子曰：'治地莫善于助，莫不善于贡。'贡者，接数岁之中以为常。乐岁，粒米狼戾，多取之而不为虐，则寡取之；凶年，粪其田而不足，则必取盈焉。为民父母，使民盻盻然，将终岁勤动，不得以养其父母，又称贷而益之，使老稚转乎沟壑，恶在其为民父母也？"

孟子主张薄取其税（田税），《孟子·尽心上》说的"易其田畴，薄其税敛，民可使富也"就是这个意思。但是孟子对过分轻征也持反对态度，当时白圭曰："吾欲二十而取一何如？"孟子曰："子之道，貉道也。万室之国，一人陶，则可乎？"曰："不可，器不足用也。"曰："夫貉，五谷不生，惟黍生之，无城郭、宫室、宗庙、祭祀之礼，无诸侯币帛饔飧，无百官有司，故二十取一而足也。今居中国，去人伦，无君子，如之何其可也？陶以寡，且不可以为国，况无君子乎？欲轻之于尧舜之道者，（什一而税），大貉小貉也；欲重之于尧舜之道者，大桀小桀也。"看来，孟子认为田税采用10%的比例税率最合适。

广征节用——墨子的赋税观

墨子（公元前468年—公元前376年），鲁国人，出身于社会下层，年轻时曾是一个手工劳动者，后来当过宋国大夫，是我国东周时期著名的思想家和墨家学派的创始人。

在经济上，墨子非常重视人们的物质利益。为了提高人们的物质利益水平，墨子十分注意发展生产，尤其是农业生产。为了发展生产，增加社会财富，针对当时"人不足而地有余"的矛盾，和"民有三患，饥者不得食，寒者不得衣，劳者不得息"的情况，他还很重视人口的增长和对劳动力的保护。"节用"思想，在墨子的经济思想中占有相当突出的地位，是他整个思想体系的重要特征。

在税收上，墨子主张常征、常役，他提出："役，修其城郭，则民劳而不伤；以其常正，收其租税，则民费而不病，民所苦者非此也，苦于厚作敛于百姓，是故圣王作为宫室，便于生，不以为观乐也。故为衣服带履，便于身，不以为辟怪也。故节于身，海于民，是以天下之民可得而治，财用可得而足。当今之主，其为宫室，则与此异矣。必厚作敛于百姓，暴夺民衣食之财，以为宫室台榭曲直之望，青黄刻镂之饰。为宫室若此，故左右皆法象之，是以其财不足以待凶饥、振孤寡，故国贫而民难治也。"可见，墨子赞成正常地征税以满足国家的需要，反对滥用财力而厚敛于人民。

墨子认为征税会使国家强盛，对人民是有利的，主张广辟税源，他说："今也卿大夫之所以竭股肱之力，殚其思虑之知，内治官府，外敛关市山林泽梁之利，必实官府而不敢怠倦者何也？曰：彼认为强必贵，不强必贱，强必荣，不强不辱，故不敢怠倦。"又说："士君子竭股肱之力，殚其思虑之智，内治官府，外收敛关市山林泽梁之利，以实仓廪府库，此其分事也。"

相地衰征——管仲的赋税观

管仲（公元前730—公元前645年），名夷吾，字仲，齐国颍上（今安徽颍上县）人，春秋初期最著名的成就最大的政治家、改革家。他出身于没落贵族，年轻时家境贫寒，曾和鲍叔牙合伙经商，也做过管监狱的小官。开始时管仲在仕途上很不顺利，后由好友鲍叔牙推荐，被齐桓公任命为卿。管仲相齐四十年，辅佐齐桓公进行政治经济改革，使齐国迅速强大起来，也使齐桓公得以"一匡天下，九会诸侯"，成为春秋时第一个霸主。

管仲改革的主要措施包括三个方面：士农工商四民分业定居；改进人才选拔制度，任贤使能；"案田而税"，"相地而衰征（依照一定标准递减征税）"。

管仲的赋税观点主要体现在他提出的"相地而衰征"的赋税征课原则上。在传统的井田制度下，统治者将全部耕地划分为两部分：一部分作为份地，归劳动者使用；一部分作为公田，由劳动者提供无偿劳动代为耕种，收获物归统治者所有。劳动者的必要劳动和剩余劳动在时间和空间上是明确划分开的。这是生产力低下、剩余产品极少的时代的产物。随着生产力的发展，这种制度成了经济发展的障碍。劳动者在公田上劳动毫无积极性，出现了"无田甫田，维莠骄骄""无田甫田，维莠桀桀"的情况，劳动者的逃亡也成了司空见惯的事。在这种情

管仲

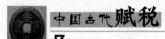

况下，管仲提出了"相地衰征"的主张。

管仲还主张"通齐国之鱼盐于东莱，关市几而不征，以为诸侯利"。鼓励齐国与其他诸侯国之间的出入口贸易，以此来调剂有无，满足齐国对他国产品的需求，也为齐国特产创造销路。这实际上是用减免关税的办法来刺激诸侯国之间的贸易。此外，根据《管子》一书的记载，管仲还曾实行"官山海"制度，对山海产品主要是盐、铁实行专卖。这为中国封建社会中长期实行的盐、铁专卖政策开了先河。管仲的经济思想（包括赋税观点）在中国历史上有着深远影响。

按丘征赋——子产的赋税观

子产（公元前574—公元前522年），名侨，字子产，又称公孙侨、公孙成子。子产是郑成公的少子，郑都新郑人，春秋时期郑国政治家。在他执政前，郑国处在"国小而逼，族大宠多"的内忧外患的严重局势下。郑简公十二年（公元前554年）子产被任为卿，二十三年（公元前543年）子产开始执政，进行了一系列改革。在他执政的21年中，《史记》称他"门不夜关，道不拾遗……田器不归。"子产执政期间曾因铸刑书而被称为法家的始祖。

子产执政时推行的一个重大措施是作丘赋（公元前538年），它仿效以前鲁国初税亩的办法，增加人民的军赋负担，创立按丘征赋的制度，将原来由每甸人民所应负担的军赋改由一丘（四丘为一甸）人民的负担。丘赋表面上看是军事问题，实际上也是财税问题。他扩大军赋的征调，使小小的郑国也拥有了700乘以上的战车。《左传·襄公三十年》中记载，当时的土地私有者传诵着"我有田畴，子产殖之"，看来子产的财政增赋不是特别苛刻。作丘赋这一措施的意义不仅在于增加军赋，还在于使原先并未纳税的许多新辟私有土地也负担了一定的军赋。土地私有者乐意负担军赋，是因为可以通过军赋的缴纳使他们的土地所有权获得法律的认可；对野鄙中的奴隶征收军赋，允许他们参加士卒行列，也使其奴隶身份有所变化。因此，子产的作丘赋与整顿和编定私有田地相联系，也像初税亩一样，标志着封建地主土地私有制的确立，其意义是多方面的。

均富薄敛——晏婴的赋税观

晏婴（约公元前581—公元前500年），字平仲，夷维（今山东高密）人，春秋后期著名政治家。晏婴历任齐灵公、齐庄公、齐景公三朝国相，执政50余年，以清廉、俭朴、谦恭下士著称于世。他节俭力行，食不重肉，妾不衣帛，待士如客。齐景公时，齐国政局不稳，危机四伏，他劝景公关心民事，改革政治，减轻剥削，为维护齐国领主政权免于崩溃做出了努力。在财税经济问题上，他能顺应条件的变化而提出一些新的见解。

晏婴强烈反对统治者"斩刈民力，输掠其聚"的横征暴敛行为。他揭露齐国当时赋税繁重的现实为："民三其力，二入于公，而衣食其一""布常无艺，征敛无度"。他认为重税重役会引起人民的不满，激化社会矛盾，威胁奴隶

晏婴

主统治。他多次强调："重敛于民，民必衰矣。夫敛民之衰而以为乐，不祥，非所以君国者。""君税敛重，故民心离。""厚籍敛，意使令，无以和民。德无以安之则危，政无以和之则乱"。这些论述，揭露了没落统治者的腐朽本质，具有积极的历史意义。晏婴主张"薄税敛""俭于籍敛"，并提出薄税敛的具体要求，即"使令不劳力，籍敛不费民"，"关市省征"，"耕者十取一"，赋税征收不应使百姓"财屈力竭"。为了切实做到轻税，晏婴还主张统治者应生活节俭，"其取下节，其自养俭""薄于身而厚于民，约于身而广于世"。当齐景公问他"古之圣君"如何行事时，他说："其取财也，权有无，均贫富，不以养嗜欲。""均贫富"一词始见于此。晏婴的赋税思想在历史上曾起过积极的作用，如齐景公"使有同宽政、毁关、去禁、薄敛、已责"，一度减轻了赋税的征收。

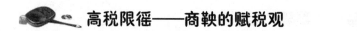

高税限徭——商鞅的赋税观

商鞅（公元前 390 年—公元前 338 年），历史上又称卫鞅或公孙鞅。商鞅早年做过魏相公叔座的家臣，深受公叔座的器重。公叔座死后，在魏不受重用。公元前 361 年，秦孝公下令求贤，商鞅离魏入秦时年 29 岁。入秦后，力劝秦孝公变法图强，深得孝公信任。在经济方面他认为包括耕织在内的农业是立国之本，主张改革农业生产关系，大力推行农战政策，抑制工商业的过分发展。商鞅的赋税观点散存在《商君书》中。

在税收上商鞅主张重商税以限制工商业发展，是所谓："欲农富其国者，境内之食必贵，而不农之征必多，市利之租必重""重关市之赋，则农恶商……"商鞅还提出以提高税率的方法，限制非生活必需品的消费，"贵酒肉之价，重其租，令十倍其本也，然则商贾少，农不能喜酣奭……民不慢农，草必垦矣"。

商鞅比较爱惜民力，为了促进农业的发展，主张限制徭役，他说："无得取庸，则大夫家长不建缮，爱子不惰食，惰民不窳，而庸民无所于食，是必农。大夫家长不建缮，则农事不伤。爱子不惰食，惰民不窳，则故田不荒。农事不伤，农民益农，则草必垦矣。"

商鞅在税收史上的最大贡献是第一次提出了税收调节经济的理论。他主张以税收调节经济结构，用重商税的办法限制商业发展，促进农业生产发展。主张用重税以限制非生活必需品的消耗。二千多年前的商鞅不仅看到了税收筹集资金的作用，而且看到了税收调节经济的作用，实在难能可贵。

方田均税——王安石的赋税观

王安石（公元 1021—1086 年），字介甫，抚州临川（今江西抚州市）人，后来随父定居江宁（今南京）。为了改变北宋积贫积弱的局面，富国强兵，王安石在神宗支持下实行新法，列宁称他"是中国 11 世纪时的改革家"。王安石的著作很多，但不少已散佚，现存著作，除从《永乐大典》中辑出的《周官新义》残卷外，还有《临川先生文集》（或《王文公文集》）《临川集拾遗》及《老子》注若干条。

王安石否定"讳言财利"，肯定了理财在政治中的地位，认为理财是正义的行动，主张义寓于利，摆脱了以义抑利的传统枷锁，从根本上否定了传统的观点。

王安石认为财政的困难不都是由于经费之无节，主要是由于无生财之道。财政收入的增加，要放在发展生产的基础上，理财的重点在生财。

王安石的赋税观点主要包括以下内容：

第一，免役法中表现的赋税观点。力役之征，由来甚久。宋代沿袭旧制，政府征召人民服役，名目很多。如，"衙前"，负责运送官府物资或看管府库；"里正""户长""乡书手"，负责催纳贡赋；"承符""手力""散从"，供州县衙门奔走驱使；"耆长""弓手""壮丁"，负责逐捕盗贼；"渡头""斗子"、"仓子"、"拦头"，负担各种杂役。政府为分派这些差役，把民户按贫富分为九等，按户等分派不同的差役。衙前、里正由一等户轮流充任，户长、耆长由二等户承担，弓手、壮丁由第四、第五等户派遣。

名目繁多的各种差役，对生产的损害极其严重，产生了严重的社会问题，改革差役法成为朝野上下普遍的要求。由于官户、商贾、寺院、城市居民以及女户、单丁户、未成丁户享有免役权，按规定不负担差役，繁重的差役就落到了中小地主和较富裕的农民身上，所以，他们变革役法的要求尤其强烈。

王安石于熙宁四年（公元1071年）全面推行免役法。免役法又叫雇役法或募役法，即把差役变成雇役。其做法是：将有产的税户依财产的高下分为九等，按等输钱以免役，计输钱叫免役钱；未成丁户、单丁户、女户，寺观、品官之家，旧时无免役，现也须出钱，叫助役钱；政府就一州一县之内计雇值多少，然后随户等均取雇值；雇值既已足用，再增取二分，以备水旱荒灾役钱征收不足时用，叫免役宽剩钱，政府用上述输钱代三等以上税户募役。原享有免役权的各色人户，都要出一定的助役钱，官府也不例外。因此，王安石的免役法体现了租税普遍负担的公平原则。

和募役法具有类似性质的财政措施，是熙宁六年（公元1073年）所实行的免行钱。原来京师肉店负有对官府免费供应肉类物品的义务。肉商深受其苦，自请交纳现金代替实物供应，官府同意，从而形成了所谓的免行钱。此项收入用来支付京师官吏的俸禄。不久，这种做法由肉行扩及到其他商行。因为免行钱具有强制的义务性质，所以也属于徭役性质。实行免行钱是王安石否定徭役制和倾向于货币经济的一种表现。

第二，方田均税法中表现的赋税观点。方田均税法包括方田法和均税法两部分，其主旨在于整理地籍、均平赋税。其方法是清丈田亩，检查漏赋，均定田税。此法的实行增加了政府的财政收入。

方田法：早在仁宗景佑年间（公元1034—1038年），郭谘就曾在洛州、蔡州以千步方田法括定民田，查出无租之地，免除无地之租，收回不少逋赋。王安石将郭谘的办法加以补充，在全国范围内大力推行。方田均税法实行了13年，清丈土地达全国耕地面积的1/2。

均税法：地分五等，以定税则。均税法的目的在于正无租之地，做法是良田税重，瘠田税轻；无生产之田免征赋税；一县税收总额不能超过配赋的总额。

推行方田均税法清出了瞒漏的田产，使得赋税较为平均，税收更有保证，反映了王安石的均税思想。

第三，工商赋税观点。在工商税收方面，王安石主张国家不要不适当地、不加区别地扩大商品专卖的范围。他的态度是既不否定国家专卖的经济干预作用，同时也主张放宽其专卖限制，希望采取区别对待的政策。

王安石的工商税收政策具有相当灵活的特点，凡有利于经济发展的原有制度，便给予保留；凡有害于经济发展的旧制，则给予改革、废除。其总的指导思想是放宽政策，减少干预。

保守节源——司马光的赋税观

司马光（公元1019—1086年），字君实，号迂夫，陕州夏县（今属山西）涑水乡人。司马光是我国历史上杰出的历史学家，著作有《温国文正司马公文集》《稽古录》《涑水记闻》和由他主编的《资治通鉴》等。

司马光是反对王安石新法的首领。元丰八年神宗卒，哲宗元祐即位（公元1085年），司马光为相。经他建议，将熙宁新法全部废除。

司马光的财政改革思想甚少，保守思想则十分严重。针对当时的财政危机，司马光提出三条解决办法：一是"随材用人而久任之"，二是"善其本原而徐取之"，三是"咸损浮冗而省用之"。第一条是用人政策。他强调要由内行人来管理财政，主张财政官员的任期要长。第二条是要把增加财政收入放在发展经济的基础上。他强调治财要从发展农、工、商业着手，然后收取有余的部分作为国家的财政收入。他要求保护和培养税源，切不可竭泽而渔。在发展经济增加财政收入方面，虽然他主张农、工、商业都得到发展，因为它们同属主户，都是纳税户，均与财政关系密切，但其中特别重视的是农民。第三条是节约财政开支。司马光列举了大量的冗官、冗员、冗费和奢侈腐朽的事实。面对庞大的财政开支，他主张减少财政浮费。

司马光的赋税观点主要表现在役法方面。在英宗治平四年（公元 1067 年）时，司马光是主张将衙前差役改为募役的，因为衙前差役是由资产多

司马光墓

的户等充当，将差役改为募役，官僚大地主既可不直接服役，又可缓和他们与农民及中小地主阶级之间的矛盾。但是王安石的募役法通过免役钱、助役钱、免役宽剩钱，把役法变成了税，扩大了征收的范围，使原来不出役的大地主阶层也不能置身其外。这种按等征钱均税的措施，对中小地主有利，对大地主阶层不利，所以司马光在实行新法后，对募役转为坚决反对的态度。在役法思想上，司马光主张维持实物地租与劳役地租的形式。

一条鞭法——张居正的赋税观

张居正（公元 1525—1582 年），明代政治家，字叔大，号太岳，江陵（今属湖北省）人。张居正于世宗嘉靖二十六年（公元 1547 年）考中进士，选庶吉士；嘉靖二十八年授翰林院编修；隆庆元年（公元 1567 年）入阁，初任礼部右侍郎，后升吏部左侍郎兼东阁大学士，四月进礼部尚书兼武英殿大学士；隆庆四年（公元 1570 年）任吏部尚书兼建极殿大学士。穆宗死后，他与宦官冯保合谋，逐高拱，代为首辅。万历初年（公元 1572 年），神宗年幼，国事均由张居正主持，掌权达十年之久。其著作有《张文忠公全集》。

张居正主张的是以节支为主导的理财理论，它是针对明王朝当时存在的财政支出庞大、入不敷出、亏空严重的情况而提出来的。他认为，国家财力匮乏的根本原因是"用之无节"，支出过多。为此，他主张应把节俭财政支出放在理财之首位，"治国之道，节用为先"成为他理财思想的基本支柱。张居正任首辅后，经常奏议告诫神宗停止修建宫室工程、限制皇宗外戚奢耗国家财力。在强调节约财政支出的同时，张居正也采取了一些增加财政收入的措施。

张居正的赋税观点主要表现在"一条鞭法"上。关于"一条鞭法"的具体内容可参考前文。

反对重征商税是张居正赋税观点的又一项内容。他主张农商互相促进，基于这一思想，他认为不能重征商税。如果国家财政发生困难就用重征商税办法来增加国家财力，是会危害农业和商业的共同发展的。他认为，农与商之间是一种彼此依存、互相制约、互补互促的关系，因此，征收商业赋税应经常权衡"商农之势"而为之，否则就会影响农业的发展。他在分析农商关系之后，提出了自己的农商租税原则：只有减轻赋税，农商兼顾，才能促进农商的发展。减轻农业税可以"厚农""厚农"又可以"资商"；减轻商业税可以"厚商""厚商"又可以"利农"，二者之间不能偏废。张居正在反对重征商税的同时，仍肯定了征收商税的必要性。

减赋分税——黄宗羲的赋税观

黄宗羲（公元 1610—1695 年），字太冲，号梨洲，浙江余姚人。他生长于当时全国经济发展较快、工商业比较兴盛的苏、浙地区，从十几岁起就参加了东南人民群众的反对封建势力的斗争，继而又参加了南明的武装反清活动。抗清失败后，他拒绝清朝廷的"征召"，隐居从事理论研究，著书立说至终。其主要著作有《明儒学案》《宋元学案》《明夷待访录》《南雷文案》《南雷文定》《南雷文约》《孟子师说》《黄梨洲文集》等。黄宗羲的财政经济思想主要反映在其代表作《明夷待访录》中。

土地高度集中和赋敛繁苛是明末的两大严重社会问题。黄宗羲对赋税问题也高度重视，《明夷待访录》的《田制》三篇之中有两篇都是谈田赋问题，《财计》三篇中也有不少地方论及赋税，他的其他著作中也有专论赋税问题的篇章。黄宗羲的赋税观点可以概括为减赋论。

黄宗羲

　　黄宗羲常把赋税问题同田制问题相提并论，认为解决赋税问题对减轻农民困敝的意义不在田制以下。黄宗羲指出，农民的困苦不仅仅是土地问题未解决。同样是土地问题未解决的王朝，赋税越重的，百姓的困敝也越重。因此，只解决土地问题还不够，还须对赋税过重的问题予以同步解决。他反对日益沉重的租税。他认为，日益加重的田赋已经使人民不堪忍受，不能用古代的什一税制套用现行的税赋标准。因为古代的井田是国家划给人民租种的，而且是以上等土地作为确定什一税率的尺度；秦以后的土地虽实行1/20的税率，但却是以下等土地为尺度的，若简单地套用古代税制，就必然造成人民的贫困。黄宗羲对明末赋税苛重、繁杂，尤其是江南地区赋税过重的问题感到痛心疾首。

针对赋重以及征税中存在的问题，黄宗羲在赋税制度改革方面提出了以下几方面建议：

第一，"反积累以前而为之制"。黄宗羲把夏、商、周三代的贡、助、彻制度看作"积累以前"的理想的赋税制度。他所说的"反积累以前而为之制"并不是要返回三代的贡、助、彻制度，而是"只税田土而已"。他所谓的"只税田土"，主要是指只按国家规定的标准征收农业税，而不得违反既定标准加征。在田赋即农业税之外，开征其他税收或取得其他财政收入，如卖爵、榷酤、盐铁、算缗等，在黄宗羲看来，是违反"只税田土"原则的；在田赋方面提高税率，加重征收，更是违反"只税田土"的原则。黄宗羲自然反对在田赋之外用卖爵、算缗等办法增加财政收入，但尤其反对在田赋方面违制加征。黄宗羲强烈反对唐代杨炎的两税法改革，反对改革所依据的"量出以制入"原则，认为它是后代任意加赋、重征的理论基础。黄宗羲认为，实行"量出以制人"的原则就意味着把统治者的一切滥支滥用随时滥征、滥派于民，这是对"量出以制入"原则的误解。

第二，对"上授之田"与"自有之田"分别按不同税率征税。所谓"上授之田"，是指封建国家"授田于民"之田；"自有之田"，是指"未授之田"，亦即私人所有之田。黄宗羲虽然赞美贡、助、彻的什一税率，但不是无条件地赞成什一税，更不是主张不问实际情况恢复什一税率。他认为，贡、助、彻法的什一税率，是和当时的土地制度联系着的。当时土地不是耕者私有，而是"上授之田"，即由国家授予的。既然田是国家的，按什一税率征税，就是轻税而不算重税。但是，如果土地不是国家授予的，而是耕者自有的，那就不应按什一税率征税，而应大大减轻，否则就不是轻税而是重税，不是仁政而是暴政了。

第三，"任土作贡"。在征收赋税的形式方面，黄宗羲主张"任土作贡"或曰"任土所宜"的原则，即按当地所产征收实物，反对田赋征银。

第四，"下下为则"。黄宗羲的这一建议和对策是针对其提出的"税无等第之害"而发的。他认为："三代之盛，赋有九等。"所谓"赋有九等"，是指将土地按好坏分成九个等级分别征收不同的田赋。所谓"下下为则"，是指应以最差田地（"下下"之地）的产量作为确定田赋的标准，这样做的目的是为了"使瘠土之民不至于甚困而已"。从黄宗羲的这个建议和对策来看，它是以最差的九等田地的产量作为确定田赋的标准，如果都是实行什一税，那拥有九等以上田地的农户，越往上田赋就越轻，其结果必然是拥有好地的农户将获得更多的利益，即获得因土地肥沃程度不同而形成的级差地租。

第二节
古代税务机构和管理

在历史上建立适于当时需要的赋税制度和管理，与经济发展的关系极其密切。制度建立以后，即便经过"改朝换代"也往往可以延续下来，如"汉承秦制"、宋承唐之"两税法"等。特别是一些周期比较短暂的朝代，无隙监制，而赋税制度多沿袭前朝。

中国古代长期实行以土地税（包括依附于土地的户税与丁税）为主，以商税（包括关税与市税）为辅的赋税制度。这一税制，初步形成于西周及春秋战国时期；秦汉时期已渐趋完备；魏、晋、南北朝和隋唐时期，在均田的基础上不断改革完善；到了宋、元、明、清时期，随着均田制的衰落，土地兼并之风日盛，在不断清丈田亩、整理地籍的基础上，逐步实现地、户、丁税的合并征收，并加强商税和盐、茶、酒等货物税的征收制度，从而使商税与货物课税成为此后国家财政收入的重要来源。税务机构的设置，必然要以适应农税、盐税、商税的征收方便为主。

先秦时期税务机构的设置

中国历代政府为行使国家征税权力而设立了职能机构。中国古代设官治事始于夏代。自夏及周，赋税职务由行政官员兼任。夏代为了适应国家职能的需要，就开始设官分职。国家建立后，国家机构相应产生。如《礼记》载："夏后氏官百，天子有三公、九卿、二十七大夫、八十一元士。设四辅及三

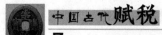
公，不必备，惟其人。言使能也。"只是这时的国家机构尚不够完善，所以设立的官职不多，管理行政的官员同时兼理财政。

在3000多年前的西周时代，就有了比较完整的税务机构。在当时周朝中央机构的"六官"（即天、地、春、夏、秋、冬）中，天官掌管朝廷法度，地官掌管财政经济。天官冢宰为六官之首，兼管九赋、九贡等；小宰为副官，兼管财税出入。地官大司徒掌管全国土地图册和户籍，均平土地、区别各地产物、划分土地等级、制定赋税征收办法；小司徒为副官，协助大司徒兼管赋税课征等。此外，还设地官司徒的属官，如载师、闾师、县师、廛人、质人、羽人、司关等官职，分别负责对土地、财产及关市之赋、山泽之赋等的征收管理。地官是管理赋税征收的总机构，最高税收长官为大司徒。

 1. 天官系统

（1）大宰：负责以"九职任万民"，总管王畿的"九赋"和诸侯各国的进贡，并总理国家财政"九式"的支出；

（2）小宰：辅佐大宰，协助"九赋"、"九贡"、"九式"，使之均节财用，并负责军赋、徭役、户籍、土地、市场货物价格等；

（3）司会：行国家总会计之职，负责岁入岁出，按旬、月、岁，记账审核；

（4）司书：掌五畿内的户籍土地，以及国中财物之收支和入账审核；

（5）职内：掌王邦财物之收入；

（6）职岁：掌王邦财物之支出；

（7）职币：掌现金之出纳；

（8）大府：执国家总库，收纳各类财物，然后分归入藏各库；

（9）玉府：收纳专供王室享用之财物，归入帝王私库；

（10）内、外府：收纳专供政府支出之财物，归入国家公库。

 2. 地官系统

（1）大司徒：总掌均平土地，区别各地物产，制定天下贡赋；

（2）小司徒：总司土地、户口，掌赋税劳役的征调；

（3）载师：掌民政和课税；

（4）闾师：主课六乡贡赋；

（5）县师：主课"野"之贡赋；

（6）乡大夫：掌本乡劳役征发；

（7）司关：主课货物过境关税和违禁漏税的罚款；

（8）廛人：主课市肆房屋税、货物税等；

（9）委人：主课山泽税；

（10）质人：掌城镇买卖契券和违法者的处罚；

（11）羽人：按季节征收鸟羽；

（12）掌葛：向山农征葛布，向泽农征草贡。

以上情况说明，在西周时，国家机构、职能分工就已逐渐细致，管理职责分工较为明确。负责国家财政包括赋税征管工作的主要是地官司徒。大司徒总掌均平土地、区别各地产物、划分土地等级、制定赋税征收办法。小司徒协助大司徒执掌全国土地和户口，确定各地赋税数量。地官司徒的属官据《周礼》记载，当时的管理机构和官员设置得比较齐全。

秦汉六朝税务机构的设置

公元前 221 年秦始皇统一全国后，地方置郡、县两级，开始形成中国专制集权制度。秦汉之际，国家财政与皇室财务分群财源，分设机构进行管理。秦代，负责中央财政的官员是治粟内史，负责山海池泽之税以供给皇室的是少府。郡一级分掌财税的有少府、户曹和仓曹。

汉承秦制，负责全国财政的主管官仍称治粟内史。景帝时改为大农令，汉武帝时期改名为大司农，其下属机构有太仓（储藏）、均输（物资运输）、平准（市场价格调节）、都内（国库）、籍田（征用民力种田等）。王莽时改为羲和（后改为纳言），东汉时仍称大司农。一切财政税收事项，都由大司农汇总，年终造册呈报给皇帝。在大司农之下，又分设若干职事官，分管收入、储存、调度等工作。

地方税务机构多由地方官兼管。汉代在郡设长官郡守（亦称太守）总管一切，下有专管财政的丞，县有县令、县长（大县称令，小县称长），管一县之事。县下设乡，西汉基层行政组织沿用战国时期的形式。乡设三老、啬夫、游徼，他们负责催办国家赋税、徭役、兵役及治安，处理民事纠纷。据《汉书·高帝纪》载："民年五十以上，有修行，能帅众为善"的人中推举出三老，掌管教化，或是在有经验的退休官员中选任。三老在社会上地位很高，可上书皇帝，可与地方官员分庭抗礼。啬夫主管一乡行政，在大乡有印绶、俸禄，小乡则无，征调赋役任务很繁重。啬夫要了解全乡民户的贫富、丁壮的多少、土地的肥瘠和占有状况，然后按户等差、劳力强弱，评定各户应负担的赋役。史载"其乡小者，县置啬夫一人。皆主知民善恶，为役先后，知民贫富，为赋多少，平其差品"。至于乡佐，属乡的员吏，其职责则是具体办理赋税征收事务。

汉代还规定：凡郡县出盐多者，设盐官，主盐税；出铁多者，置铁官，主鼓铸；有工多者，置工官，主工税物；有水池及渔利多的地方，置水官，主收渔税。所在诸县，均设置官吏办理有关事项。可见，盐官、铁官、工官、水官皆置于郡县，主要职责是负责对盐铁、手工、水产等项进行管理和征税。设官置署的原则是随事置吏，即根据需要设置机构。汉代少府，其职责与秦代相同，在税政方面，主要是掌管对山林、园囿、江湖，以及大海等出产物的征税，这些收入专供皇室及封君生活之用。

赋和税收藏管理的单位不同，《史记》中载："自孝惠至文、景，与民休息，六十余岁，民众大增，是以太仓有不食之粟，都内有朽贯之钱。"太仓管粮，都内管钱。赋和税的用途也不同，《汉书·刑法志》中记述："有税有赋。税以足食，赋以足兵。"

税主要用于政府发放给各级官员俸禄，赋则是由皇室掌握用于军事开支。据《汉书》载：汉代百石以上的"正"官阶，多时达到十六级。"石"为官秩，类似现在的级别。各秩实发的官俸为粮食。丞相（即相国）、太尉、太师等金印紫绶者为最高官阶，称万石，其俸月给350斛谷。县令秩千石至600石，县长秩500石至300石。最低级别的官吏是"斗食"，既有级别的意思，也有日得一斗俸禄量的意思。西汉的俸禄发放的是实物，到东汉时"凡诸受俸皆半钱半谷"。西汉全国共设置官员120285人，东汉为152986人，约4000人负担一位官吏，官员的俸禄开支是很大的。军事开支主要根据国家情势而定，汉武帝时，因为与匈奴用兵，赋的开支增加，才启用了"口赋"。

后汉、三国时期将税务机构改称为度支尚书，下设度支郎，管理全国财税。汉武帝元鼎二年（前115年）曾设置水衡都尉，掌管上林苑及其收入，东汉将该职并入少府。曹魏设置度支尚书一职，专管全国赋税和财政支出。

三国其后的晋和南北朝时的宋、齐、梁、陈、北魏、北齐等均仿行，统管金部、仓部、度支、左民、右民等五曹。魏晋南北朝时，对田赋和户调等主要税收，在地方上一般由地方行政长官管理征收，如州之刺史、县之县令、乡之里正和村之保甲等。对盐课，则设专门机构和官吏进行征收管理，如司盐校尉、盐府校尉、盐池都将、掌盐、司盐监丞、盐官、盐司等。属于地方财政收入的关市之税，地方上也设专门机构，如埭司、津主、贼曹、直水、市长丞、市署令、库曹、大府、市署、令丞、司市、下大夫、肆长等进行征收和管理。农村组织成为了宗主督护制。农民荫庇在壁坞组织下成为荫客，由坞主、壁帅管理，不直接给政府纳税、服役，成为"百室合户，千丁共籍"。北魏推行"均田制"时期的地方基层行政组织"三长制"，规定五家立一邻长，五邻立一里长，五里立一党长，三长负责核查户口。因为均田制是按照人口数量、年龄、性别、身份等条件分配土地，所以管理户籍、人口是一项重要而繁重的工作。在授田后，还要按照田亩征收赋税，按照丁口服劳役。

唐初国库与皇室私库

唐初，天下财赋，统归户部掌管，所有收入都纳入太府寺中的左藏库。太府寺定期将出入数字汇总，报告于尚书，然后由刑部中的比部进行审核。太府寺中的左藏库，即是国库，与皇室之私库即大盈库是分开管理的。唐玄宗时，除将租庸正额纳入国库外，其他杂项收入一律归入大盈库，以供皇室私用。也就是说，唐代从玄宗开始，即把一部分应纳入国库的赋税收入，归入到皇帝的私库中去了。安史之乱以后，京师豪将任意侵吞国库的财物，当时第五琦为度支盐铁使，掌管全国财政，不得不建议将国家租赋及金帛财物收贮于皇帝的大盈库内，由宦官负责管理。自此，皇室私财与国家财政收入不分，天下财赋尽为人君私藏。主管财政的官吏，不能掌握全国的财政收入，而宦官则趁机从中渔利。德宗建中时，根据杨炎的建议，将财政管理之权重归财政官吏，宫中所用经费由国家财政按数拨给。"凡财赋绯归左藏库，一用旧式，每岁于数中量进三五十万人大盈，而度支先以其全数闻"。于是，国库与皇室私库又分开进行管理了。德宗贞元时（公元785—794年），户部侍郎裴延龄为取得皇帝的恩宠，于左藏库中分置别库，另贮赢余，以奉国君。唐

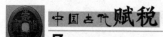
代地方藩镇和诸道经常向皇帝进献，所得也皆入于私库。总之，唐代国库和皇帝的私库原则上是分开的，国家财政和皇室财政在一般情况下分开进行管理。但有时公私收入不分，每每将国家财政资财入于皇室，造成财政混乱。

宋朝的会计监察与审计制度

宋朝的会计制度较唐完备，条禁文簿亦渐周密。宋太宗淳化元年（公元990年）诏"三司自今每岁具见管金银、钱帛、军储等簿以闻"。淳化四年（公元993年）将三司改为总计司，"令每州、军岁计金、银、钱、缯帛、刍粟等费，逐路关报总计司"。这种会计报告制度，州军报告给路，路报告给三司，三司每年按期编制会计簿，上报皇帝，成为皇帝掌握赋税情况的重要途径。神宗熙宁七年（公元1074年）建立三司会计司，进一步提高了会计工作的地位，使之成为独立的职能部门。

宋朝的会计制度对监督赋税、平衡赋税起到了重要作用。仁宗庆历三年（公元1043年）"三司具有京出纳及十九路线帛刍粮之数"。皇祐四年（公元1052年）正月，王尧臣、王守忠、陈旭等"校庆历、皇韦占总四年天下财赋出入，凡金币丝行薪刍之类，皆在数，其参相耗登……为书七卷……诏送三司，取一岁中数以为定式"。这时，是通过会计以监督赋税、平衡赋税的。

宋代设御史台主管监察工作，但其职权较唐代小得多，作用也不显著，而且地方无监察之职，只在不得已时临时派官兼掌监察。宋代在刑部中设比部，审核内外账簿，职责类同于今天的审计。南宋高宗时又设审计官，自此审计官的职责得到了进一步明确。

买扑或称扑买，或称揽纳，是缴纳税课的一种方法，后称包税。此制行于五代，宋承五代之制，亦行扑买。太祖开宝三年（公元970年），"令买扑场务者收抵当"，即包税者，要缴保证金。太宗淳化时，"买扑酬奖之法，次第举矣。买扑之利，归于大户；酬奖之利归于役人，州县坐取其赢，以佐经费，以其剩数上供"。南宋时，买扑之制更是盛而不衰。

明代的会计与监察制度

明代的会计制度较宋、元时有所发展。从会计组织上看，明代户部下的度支部即主管会计工作，省、府、州、县都有主管会计。明代的账簿也较前代有了显著进步，国家制定了统一的账簿格式，颁行全国，这种账簿称"印信文簿"，或称"印簿"或"文簿"，并规定每天登记，定期选官送到部里。账簿的格式是按"四柱式"设计的，而"四柱式黄册"、"四柱式清册"，皆依据这种账簿编制。印信文簿是国家的主要账簿，具有总账的性质。此外，中央各部门、地方府、州又设置专项分类账簿，诸如盐院的"红字簿"、"钞关文簿"等。账簿的记录以金额为主，这是会计核算上的新开端。账簿的登记或以货币度量；或既登记实数，又登记数量折银或钱的金额，这在前代是很少见的。总之，明代的会计制度，无论是会计组织还是账簿的设置，都较前代有了明显进步。

明代为强化君主专制制度，进一步扩大了监察机关的权力。在中央设立都察院，直属皇帝。都察院下设监察御史。监察御史派出时为巡按御史，分巡十三道，即浙江道、江西道、河南道、山东道、福建道、四川道、广东道、广西道、贵州道、陕西道、湖广道、山西道、云南道。监察御史的职责范围很广，其中巡盐、茶、马，查算钱粮是其重要职责之一。监察御史的权力很大，其奏书可直达皇帝。明代虽提高了监察的地位，但监察发挥的作用却不大，尤其是后期，由于太监专权，都察院和监察御史形同虚设。

清前期的田赋征收管理办法

清初沿用明万历年间的一条鞭法征收赋税，即把部分丁银摊向地亩征派，但不彻底，弊端较多。康熙年间，实行赋役制度改革，固定了丁银，宣布以后滋生人丁不加赋，其后又将丁银摊入田亩征收。最后完成了赋役合一的改革，实行摊丁入亩、地丁合一。田赋的征收方法同时也较前有所改进，曾颁行过下列几种方法：

易知由单法始于顺治六年（公元 1649 年），止于康熙二十六年（公元 1687 年）。由单之式，每州县开列上中下田亩，人丁、正杂本折钱粮，起运存留各项总数，还开列各户人丁田亩数和应纳税额，在开征前一月发给各纳税户，令其按期缴纳。康熙三十九年（公元 1700 年）用滚单法。每里之中或五户或十户共享一单，于纳户名下注明田地若干、银米若干、春秋各应完若干，分为十限，发给甲首，依次滚催，自封投柜。不交或迟交者，予以严惩。

各纳税户发给截票，也称"串票"，始于顺治十年（公元1653年）。票上开列地丁钱粮实数，分为十限，月完一分，完则截法。票中盖印，从印字中分为两半，一半存官府，一半给纳税户。康熙二十八年（公元1689年），改为三联串票，一联存官府，一联给差役，一联交纳税户。雍正三年（公元1725年），实行四联串票，至雍正八年（公元1730年），又改为三联。形式上常有变动。

雍正六年（公元1728年）为防止漏税设立顺庄编里法。其法是据田地定户，从户而征税。例如某人在几甲几县有田，立为数户者，应归为一户；原为一户而实系数人所有者，则应各户分立；有人未卖田亩，而移居于他处者，于收粮时令其改正；人居本县田地他县者，依本籍之名，另立限单催输。雍正年间，田赋还张贴榜示，诏令各总督、巡抚，布政使饬州县官每年将各乡里完欠之数，呈送总督，张贴本里，让民周知。如有中饱私囊者，允许民众执串票具控。其分年带征之项，也将每年应完之数详列张榜公示，使官吏不得额外自行多征。

图片授权

全景网

壹图网

中华图片库

林静文化摄影部

敬　启

本书图片的编选，参阅了一些网站和公共图库。由于联系上的困难，我们与部分入选图片的作者未能取得联系，谨致深深的歉意。敬请图片原作者见到本书后，及时与我们联系，以便我们按国家有关规定支付稿酬并赠送样书。

联系邮箱：932389463@qq.com

参考书目

1. 曾国祥. 赋税与国运兴衰. 北京：中国财政经济出版社. 2013
2. 徐信艳. 中国古代流转税思想研究. 上海：上海交通大学出版社. 2013
3. 龚延明. 中国古代制度史研究. 杭州：浙江大学出版社. 2012
4. 何平著. 清代赋税政策研究. 北京：故宫出版社. 2012
5. 郭浩著. 汉代地方财政研究. 济南：山东大学出版社. 2011
6. 张守军. 中国读本——中国古代的赋税与劳役. 北京：中国国际广播出版社. 2010
7. 曾耀辉. 税收史. 南昌：江西人民出版社. 2010
8. （英）威廉·配第，马妍. 赋税论. 北京：中国社会科学出版社. 2010
9. 杜树章. 中国皇权社会的赋税研究. 北京：中国财政经济出版社. 2009
10. 孙文学，刘佐. 中国赋税思想史. 北京：中国财经出版社. 2006
11. 孙翊刚，陈光焱. 中国赋税史. 北京：中国税务出版社. 2003
12. 郭庠林. 中国古代宏观经济管理. 上海：上海财经大学出版社. 2001
13. 张守军. 中国古代的赋税与劳役. 北京：商务印书馆. 1998
14. 於鼎丞，魏朗. 中国税制. 广州：暨南大学出版社. 1997

中国传统风俗文化丛书

一、古代人物系列（9 本）
  1. 中国古代乞丐
  2. 中国古代道士
  3. 中国古代名帝
  4. 中国古代名将
  5. 中国古代名相
  6. 中国古代文人
  7. 中国古代高僧
  8. 中国古代太监
  9. 中国古代侠士

二、古代民俗系列（8 本）
  1. 中国古代民俗
  2. 中国古代玩具
  3. 中国古代服饰
  4. 中国古代丧葬
  5. 中国古代节日
  6. 中国古代面具
  7. 中国古代祭祀
  8. 中国古代剪纸

三、古代收藏系列（16 本）
  1. 中国古代金银器
  2. 中国古代漆器
  3. 中国古代藏书
  4. 中国古代石雕

  5. 中国古代雕刻
  6. 中国古代书法
  7. 中国古代木雕
  8. 中国古代玉器
  9. 中国古代青铜器
  10. 中国古代瓷器
  11. 中国古代钱币
  12. 中国古代酒具
  13. 中国古代家具
  14. 中国古代陶器
  15. 中国古代年画
  16. 中国古代砖雕

四、古代建筑系列（12 本）
  1. 中国古代建筑
  2. 中国古代城墙
  3. 中国古代陵墓
  4. 中国古代砖瓦
  5. 中国古代桥梁
  6. 中国古塔
  7. 中国古镇
  8. 中国古代楼阁
  9. 中国古都
  10. 中国古代长城
  11. 中国古代宫殿
  12. 中国古代寺庙

五、古代科学技术系列（14 本）

1. 中国古代科技
2. 中国古代农业
3. 中国古代水利
4. 中国古代医学
5. 中国古代版画
6. 中国古代养殖
7. 中国古代船舶
8. 中国古代兵器
9. 中国古代纺织与印染
10. 中国古代农具
11. 中国古代园艺
12. 中国古代天文历法
13. 中国古代印刷
14. 中国古代地理

六、古代政治经济制度系列（13 本）

1. 中国古代经济
2. 中国古代科举
3. 中国古代邮驿
4. 中国古代赋税
5. 中国古代关隘
6. 中国古代交通
7. 中国古代商号
8. 中国古代官制
9. 中国古代航海
10. 中国古代贸易
11. 中国古代军队
12. 中国古代法律
13. 中国古代战争

七、古代文化系列（17 本）

1. 中国古代婚姻
2. 中国古代武术
3. 中国古代城市
4. 中国古代教育
5. 中国古代家训
6. 中国古代书院
7. 中国古代典籍
8. 中国古代石窟
9. 中国古代战场
10. 中国古代礼仪
11. 中国古村落
12. 中国古代体育
13. 中国古代姓氏
14. 中国古代文房四宝
15. 中国古代饮食
16. 中国古代娱乐
17. 中国古代兵书

八、古代艺术系列（11 本）

1. 中国古代艺术
2. 中国古代戏曲
3. 中国古代绘画
4. 中国古代音乐
5. 中国古代文学
6. 中国古代乐器
7. 中国古代刺绣
8. 中国古代碑刻
9. 中国古代舞蹈
10. 中国古代篆刻
11. 中国古代杂技